Klasse 5-7

Stefanie Kraus

Stationenlernen Weltreligionen

Buddhismus

Hinduismus

Individuelles Lernen

Heterogene Lerngruppen

Zusatzmaterial mit Lösungen

- ➡ Infotexte und Aufgaben
- ➡ Differenziert in drei Niveaustufen
- ➡ Ohne Vorarbeit sofort umsetzbar

Stationenlernen Weltreligionen

Klasse 5-7

12. Auflage 2026

© Kohl-Verlag, Kerpen 2014
Alle Rechte vorbehalten.

Inhalt: Kohl-Verlag
Coverbilder: © VRD, Choat & volondoff - AdobeStock.com
Redaktion: Kohl-Verlag
Grafik & Satz: Kohl-Verlag
Druck: Druckerei Flock, Köln

Bestell-Nr. 11 530

ISBN: 978-3-95686-506-0

Das vorliegende Werk und seine Teile sind urheberrechtlich geschützt. Jede Nutzung in anderen als den gesetzlich zugelassenen Fällen bedarf der vorherigen schriftlichen Einwilligung des Verlages. Hinweis zu § 52a UrhG: Weder das Werk noch seine Teile dürfen ohne eine solche Einwilligung eingescannt und in ein Netzwerk oder das Internet eingestellt werden. Dies gilt auch für Intranets von Schulen und sonstigen Bildungseinrichtungen.

Kontakt: Kohl-Verlag, An der Brennerei 37-45, 50170 Kerpen
Tel: +49 2275 331610, Mail: info@kohlverlag.de

Unsere Lizenzmodelle

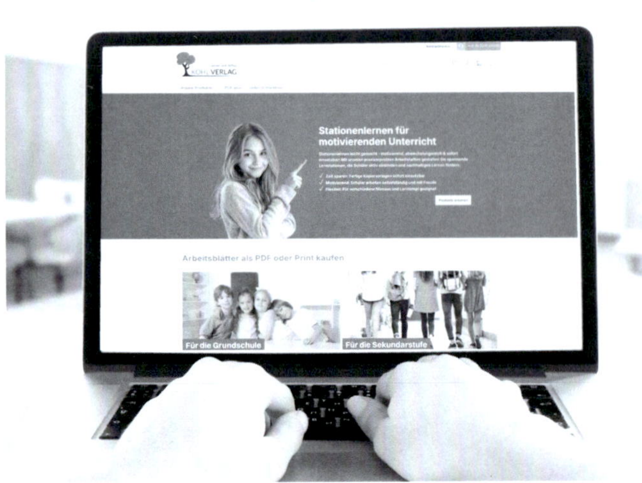

Der vorliegende Band ist eine Print-Einzellizenz

Sie wollen unsere Kopiervorlagen auch digital nutzen? Kein Problem – fast das gesamte KOHL-Sortiment ist auch sofort als PDF-Download erhältlich! Wir haben verschiedene Lizenzmodelle zur Auswahl:

	Print-Version	PDF-Einzellizenz	PDF-Schullizenz	Kombipaket Print & PDF-Einzellizenz	Kombipaket Print & PDF-Schullizenz
Unbefristete Nutzung der Materialien	x	x	x	x	x
Vervielfältigung, Weitergabe und Einsatz der Materialien im eigenen Unterricht	x	x	x	x	x
Nutzung der Materialien durch alle Lehrkräfte des Kollegiums an der lizensierten Schule			x		x
Einstellen des Materials im Intranet oder Schulserver der Institution			x		x

Die erweiterten Lizenzmodelle zu diesem Titel sind jederzeit im Online-Shop unter www.kohlverlag.de erhältlich.

Inhalt

Einsatz der Materialien

Sehr geehrte Kollegen und Kolleginnen,

dieses Werk zum Stationenlernen Weltreligionen soll Ihnen ein wenig Ihre alltägliche Arbeit erleichtern. Dabei war es uns besonders wichtig, Stationen zu kreieren, die möglichst schüler- und handlungsorientiert sind und mehrere Lerneingangskanäle ansprechen. Denn nur so kann das Wissen langfristig gespeichert und auch wieder abgerufen werden. Die Reihenfolge der Stationen ist frei wählbar, so können die Schüler in ihrem individuellen Arbeits- und Lerntempo vorgehen. Durch den individuell ausfüllbaren Laufzettel wird bei dieser sehr differenzierten Arbeitsform stets der Überblick gewahrt. Die Materialien eignen sich auch hervorragend für die Selbstlernzeit.

Das Heft ist in folgende Bereiche aufgeteilt:

- **Stationen Judentum**
- **Stationen Christentum**
- **Stationen Judentum - Christentum**
- **Stationen Islam**
- **Stationen Judentum - Christentum - Islam**
- **Stationen Buddhismus**
- **Stationen Hinduismus**
- **Stationen Buddhismus - Hinduismus**
- **Stationen zu allen Weltreligionen**

Stationen:

Die Stationskarten enthalten bewusst keine Nummerierung, um einen flexiblen Einsatz zu gewährleisten. So kann jeder selbst entscheiden, welche Stationen er bearbeiten möchte. Dies können beispielsweise lediglich Stationen aus einem Bereich sein, ebenso gut können jedoch Stationskarten aus allen Bereichen vermischt werden. Nach Belieben können Sie die Stationen auch nummerieren, um den Schülern die Zuordnung zu erleichtern. Die Stationen können in Einzel-, Partner- oder Kleingruppenarbeit erarbeitet werden, je nach Vorliebe der Lehrperson bzw. der Klasse.

Differenzierung der Aufgaben:

Innerhalb der Bereiche gibt es drei Schwierigkeitsstufen zur Differenzierung.

⊙ G = grundlegendes Niveau

! M = mittleres Niveau

✶ E = erweitertes Niveau

Die Aufgaben zum grundlegenden Niveau sollten von allen Schülern bearbeitet werden. Aufgaben mit mittlerem Niveau bieten Erweiterungen und höhere Anforderungen als das grundlegende Niveau.
Die Aufgaben des erweiterten Niveaus sind sogenannte Expertenaufgaben und enthalten vertiefende oder weiterführende Inhalte.

Je nach Leistungsstand können Sie jedoch problemlos Stationen anders kennzeichnen.

Lösungen:

Wer die Aufgaben der Schüler korrigiert, hängt zum einen von der Lerngruppe und zum anderen von den Vorlieben des unterrichtenden Lehrers ab. So kann dieser die Verbesserung der Schüleraufgaben selbst übernehmen, oder diese Aufgabe in die Verantwortung der Schüler übergeben. In diesem Fall haben Sie die Möglichkeit, die Karten einfach auszuschneiden und zu laminieren. Die passende Lösung befindet sich dann direkt auf der Rückseite der Aufgabe Das fördert die einfache Selbstkontrolle. Alternativ können Sie die Seiten jedoch auch kopieren und die Lösungen, für die Schüler erkenntlich markiert, an einem anderen Ort positionieren.

Nach dieser kurzen Einführung wünschen Ihnen viel Spaß beim Einsatz der Materialien Ihr Kohl-Verlag und

Stefanie Kraus

Symbole:

⊙ Grundlegendes Niveau

! Mittleres Niveau

✶ Erweitertes Niveau

Übersicht

Judentum

Christentum

Judentum - Christentum

Islam

Judentum - Christentum - Islam

Übersicht

Buddhismus

Hinduismus

Buddhismus - Hinduismus

Alle 5 Weltreligionen

Name: ______________________________ Datum: ______________

Stationen-Laufzettel

Grundlegendes Niveau

Station	Stationsname	erledigt	korrigiert

! Mittleres Niveau

Station	Stationsname	erledigt	korrigiert

✶ Erweitertes Niveau

Station	Stationsname	erledigt	korrigiert

Allgemeines Judentum

„Höre Israel! Der HERR, unser Gott, der HERR ist einzig."

(5. Buch Mose, Kapitel 6, Vers 4)

Mit Judentum meint man grundsätzlich die Gesamtheit der Kultur, Geschichte, Religion und Tradition des sich selbst als Volk Israel bezeichnenden jüdischen Volkes. Das Judentum ist mit 4000 Jahren die älteste der drei großen monotheistischen Religionen (Judentum, Christentum, Islam), die an einen einzigen Gott glauben. Es gibt nur ein Land, in dem die Mehrheit der Staatsbürger jüdischen Glaubens ist: Israel (ca. 77% der Einwohner Israels sind Juden).

Die jüdische Religion hat ihre Grundlage in den religiösen Überlieferungen des jüdischen Volkes. Nachdem Abraham auf Gottes Anweisung hin seine Heimat und seine Familie verlassen hatte, schloss Gott einen Vertrag mit ihm und versprach, ihm ein Land zu geben und seine Nachkommen zu einem großen Volk zu machen.

Aufgabe 1: *Was ist unter dem Begriff „Judentum" zu verstehen?*

Aufgabe 2: *An wie viele Götter glauben die Juden?*

Aufgabe 3: *In welchem Land ist das Judentum am stärksten vertreten?*

Aufgabe 4: *Was war die Urgeschichte des Judentums? Welchen Vertrag schloss Gott mit einem Menschen?*

Das Judentum

Symbolik

!

Aufgabe 1:

Verbinde die Begriffe mit den Bildern.

Aufgabe 2:

Wähle ein Symbol des Judentums aus und recherchiere darüber. Stelle es deiner Klasse vor.

1

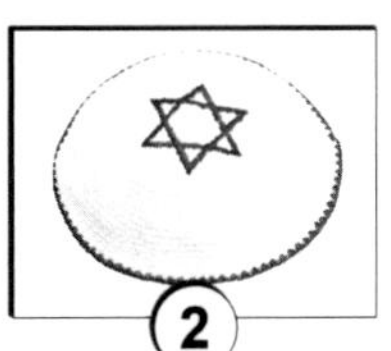
2

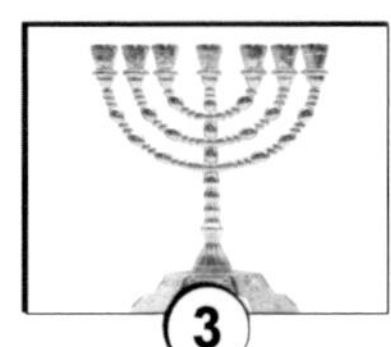
3

4

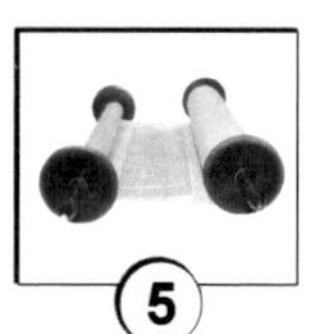
5

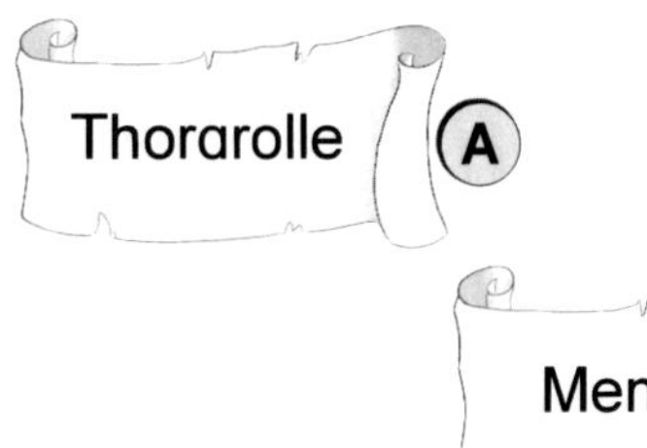
Thorarolle (A)

Davidstern

(B)

Kippa (C)

Menora (D)

Hebräisch

(E)

Stationenlernen Weltreligionen
Klasse 5-7 – Bestell-Nr. 11 530
KOHL VERLAG

Allgemeines Judentum

Lösungen

Aufgabe 1: *Unter dem Begriff „Judentum" versteht man die Gesamtheit der Kultur, Geschichte, Religion und Tradition des sich selbst als Volk Israel bezeichnenden jüdischen Volkes.*

Aufgabe 2: *Das Judentum ist eine der drei monotheistischen Religionen, was heißt, dass sie wie die Christen und Muslimen nur an einen Gott glauben.*

Aufgabe 3: *Nur in Israel ist die Mehrheit der Staatsbürger jüdischen Glaubens (ca. 77% der Einwohner Israels sind Juden).*

Aufgabe 4: *Nachdem Abraham auf Gottes Anweisung hin seine Heimat und seine Familie verlassen hatte, schloss Gott einen Vertrag mit ihm und versprach, ihm ein Land zu geben und seine Nachkommen zu einem großen Volk zu machen*

Stationenlernen Weltreligionen
Klasse 5-7 – Bestell-Nr. 11 530
KOHL VERLAG

Das Judentum

Symbolik

!

Lösungen

Aufgabe 1: *A - 5, B - 4, C - 2, D - 3, E - 1*

*Die **Thorarolle** (5) ist der wichtigste Teil der jüdischen Bibel. Sie hat eine gerollte Form.*
*Der **Davidstern** (4) ist heute vor allem das Symbol des Judentums und des Volkes Israel.*
*Traditionell tragen jüdische Männer und Jungen ständig eine **Kippa** (2), als eine Art Symbol ihrer Ehrfurcht und Demut gegenüber einem „höheren" Wesen.*
***Menora** (3) ist der hebräische Name für „Leuchter", dessen Form an einen Baum mit sieben Ästen erinnert. Der Lichterbaum erstrahlt auf dem Altar in der Synagoge als Symbol für die Zuversicht und Erkenntnis.*
***Hebräisch** (1) ist die Sprache der heiligen Schrift der Juden, der hebräischen Bibel.*

Aufgabe 2: *Individuelle Lösungen.*

Kurzinformationen siehe Aufgabe 1.

Stationenlernen Weltreligionen
Klasse 5-7 – Bestell-Nr. 11 530
KOHL VERLAG

Die Thora

Nach der jüdischen Religion hat Moses am Sinai die ganze Thora von Gott erhalten. Die ältesten Teile der Thora sind ungefähr 3000 Jahre alt. Sie ist neben den Nevi'im (= Propheten) und den Ketuvim (= Schriften) Teil der hebräischen Bibel. Die Christen nennen sie Altes Testament. In ihr ist beschrieben, welchen Bund Gott mit den Menschen geschlossen hat.

Die Thora besteht aus fünf einzelnen Büchern. Für das Judentum ist die Thora eine wichtige Grundlage für das Verständnis seiner Vergangenheit als Volk.

Thorarollen werden normalerweise in der Synagoge aufbewahrt. Meist befinden sie sich in einem speziellen Schrein, dem Aron ha-Kodesch. Dieser ist mit einer Tür und einem Vorhang verschlossen. In Gottesdiensten, vor allem am Sabbat, wird aus dieser Thorarolle in der Synagoge „gelesen". Der Text wird dabei in der Regel nicht gesprochen, sondern gesungen.

<u>Aufgabe 1</u>: *Wer hat die Thora von wem erhalten?*

<u>Aufgabe 2</u>: *Wo liegt der Berg Sinai?*

<u>Aufgabe 3</u>: *Wie nennen die Christen die ersten fünf Bücher der Bibel?*

<u>Aufgabe 4</u>: *Wo wird die Thora aufbewahrt? Wann wird sie hervorgeholt?*

<u>Aufgabe 5</u>: *Wie trägt man sie vor? Kreuze an.*

- ☐ *Man schreit sie.*
- ☐ *Man singt sie.*
- ☐ *Man spricht sie.*

KOHL VERLAG
Stationenlernen Weltreligionen
Klasse 5-7 – Bestell-Nr. 11 530

Das Judentum

Das Katharinenkloster

<u>Aufgabe 1</u>: *Du befindest dich beim Katharinenkloster unmittelbar am Fuß des Berges Sinai. Hinter dir ist eine Gruppe von Pilgern. Erzähle eine Geschichte.*

<u>Aufgabe 2</u>: *Bastle selbst eine Thorarolle.*

*(**Tipp**: Du kannst zum Beispiel im Internet nach einer Bastelanleitung suchen.)*

KOHL VERLAG
Stationenlernen Weltreligionen
Klasse 5-7 – Bestell-Nr. 11 530

Das Judentum

Die Thora

Lösungen

Aufgabe 1: *Moses hat die Thora von Gott selbst auf dem Berg Sinai erhalten.*

Aufgabe 2: *Der Berg Sinai erhebt sich auf der ägyptischen Sinai-Halbinsel und ist 2285 m hoch. Auf arabisch heißt er „Gabal Musa", also „Mosesberg".*

Aufgabe 3: *In der Bibel sind sie als „die fünf Bücher Mose" zu finden.*

Aufgabe 4: *Thorarollen werden normalerweise in der Synagoge aufbewahrt. Meist befinden sie sich in einem speziellen Schrein, dem Aron ha-Kodesch. In Gottesdiensten, vor allem am Sabbat, wird aus dieser Thorarolle in der Synagoge „gelesen".*

Aufgabe 5: *Die Thora trägt man singend vor.*

KOHL VERLAG Stationenlernen Weltreligionen Klasse 5-7 – Bestell-Nr. 11 530

Das Judentum

Das Katharinenkloster

Lösungen

Aufgabe 1: *Individuelle Lösungen.*

Aufgabe 2: *Individuelle Lösungen.*

Ein Link zu einer Bastelanleitung ließ sich zur Zeit der Drucklegung z. B. bei ***www.blinde-kuh.de*** *unter dem Stichwort: „Thorarolle" (oder „Torarolle") finden. Der Link führte auf eine Seite von „**http://www.religionen-entdecken.de**" und von dort weiter zu folgender Seite: „**http://www.religionen-entdecken.de/sites/default/files/Basteltipp%20 Torarolle%2C%20Miriam%20Pfeifer.pdf**"*

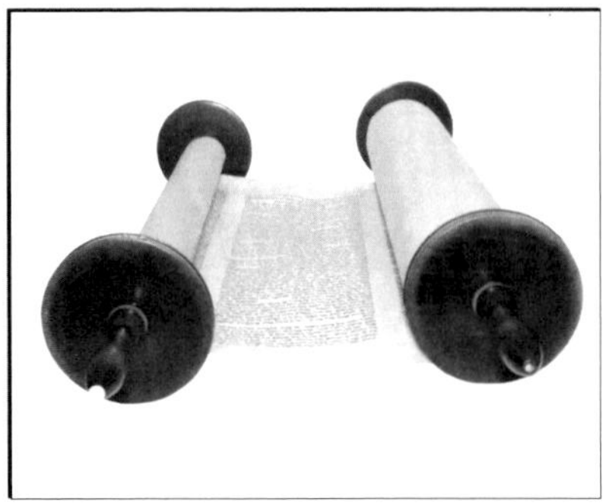

KOHL VERLAG Stationenlernen Weltreligionen Klasse 5-7 – Bestell-Nr. 11 530

Die Synagoge

Das Judentum

Eine Synagoge ist ein jüdisches Versammlungs- und Gotteshaus. Sie ist unterteilt in den Gebetsraum und kleinere Räume zum Studium, also zum Lernen. An der Ostwand des Gebetsraumes, in Richtung Jerusalem, werden in einem Schrein (Aron ha-Kodesch) die Thorarollen aufbewahrt. Über dem Thoraschrein ist eine Gebotstafel angebracht. Und vor dem Schrein hängt ein Licht, das als „Ner Tamid", als „Ewiges Licht", bezeichnet wird. Es erinnert an die Feuersäule, die die Israeliten auf ihrem Weg durch die Wildnis der Wüste Sinai begleitet hat. Außerdem befand sich vor dem Tempel in Jerusalem das ewige Licht als Symbol der ewigen Verbundenheit der Juden mit Gott. Ein siebenarmiger Leuchter (Menora) schmückt den Raum. Synagogen werden nicht nur für den jüdischen Gottesdienst genutzt, sondern auch für Gemeindeveranstaltungen, Erwachsenenbildung und als Hebräisch-Schulen für Kinder.

Aufgabe 1: *Als was wird die Synagoge betrachtet?*

Aufgabe 2: *Beschreibe den Thoraschrein und seine Umgebung.*

Aufgabe 3: *An was erinnert das „Ner Tamid"?*

Aufgabe 4: *Welche Sprache wird in den Synagogen gelehrt?*

KOHL VERLAG
Stationenlernen Weltreligionen
Klasse 5-7 – Bestell-Nr. 11 530

Der Rabbiner

!

Das Judentum

Der Titel Rabbiner ist ein religiöser Titel im Judentum und wird von hebräisch „Rav" oder aramäisch „Rabbuni" (Meister, Lehrer) abgeleitet. Zu den Aufgaben eines Rabbiners zählt die religiöse Lehre. Außerdem kommt ihm die Entscheidung in religiösen Fragen zu. Aber ein Rabbiner ist

kein Priester, dem irgendwelche besonderen religiösen Aufgaben alleine zustehen. Eine der wichtigsten Aufgaben eines Rabbiners ist heute die Seelsorge für die Gemeindemitglieder und für Personen, die mit der Gemeinde in Verbindung stehen.

Aufgabe 1: *Wie nennt man einen Lehrer im Judentum? Welche Aufgaben hat er? Was unterscheidet ihn von einem Priester?*

Aufgabe 2: *Gibt es auch in deiner Stadt / in deinem Landkreis eine Synagoge und einen Rabiner? Finde es heraus.*

KOHL VERLAG
Stationenlernen Weltreligionen
Klasse 5-7 – Bestell-Nr. 11 530

Die Synagoge

Lösungen

Aufgabe 1: *Eine Synagoge ist ein jüdisches Versammlungs- und Gotteshaus.*

Aufgabe 2: *An der Ostwand des Gebetsraumes, in Richtung Jerusalem, werden in einem Schrein (Aron ha-Kodesch) die Thorarollen aufbewahrt. Über dem Thoraschrein ist eine Gebotstafel angebracht. Und vor dem Schrein hängt ein Licht, das als „Ner Tamid", als „Ewiges Licht", bezeichnet wird.*

Aufgabe 3: *Es erinnert an die Feuersäule, die die Israeliten auf ihrem Weg durch die Wildnis der Wüste Sinai begleitet hat.*

Aufgabe 4: *In den Synagogen wird die hebräische Sprache gelehrt. Das ist die Sprache, in der die jüdische Bibel verfasst ist.*

Stationenlernen Weltreligionen Klasse 5-7 – Bestell-Nr. 11 530
KOHL VERLAG

Das Judentum

Der Rabbiner

Lösungen

Aufgabe 1: *Der Titel Rabbiner ist ein religiöser Titel im Judentum und wird von hebräisch „Rav" oder aramäisch „Rabbuni" (Meister, Lehrer) abgeleitet.*

Zu den Aufgaben eines Rabbiners zählt die religiöse Lehre. Außerdem kommt ihm die Entscheidung in religiösen Fragen zu. Eine seiner wichtigsten Aufgaben ist heute die Seelsorge für die Gemeindemitglieder und für Personen, die mit der Gemeinde in Verbindung stehen.

Aber ein Rabbiner ist kein Priester, dem irgendwelche besonderen religiösen Aufgaben alleine zustehen.

Aufgabe 2: *Individuelle Lösungen.*

Stationenlernen Weltreligionen Klasse 5-7 – Bestell-Nr. 11 530
KOHL VERLAG

Das Judentum

Der jüdische Kalender

Der jüdische Kalender ist ein so genannter Lunisolarkalender. Das heißt, dass er sich sowohl nach dem Lauf der Sonne als auch nach dem Lauf des Mondes richtet. Die Monate sind wie bei einfachen Mondkalendern an den Mondphasen ausgerichtet, es gibt aber gleichzeitig eine Schaltregel zum Angleich an das Sonnenjahr. Das jüdische neue Jahr (mit der jeweils nächsthöheren Jahreszahl) beginnt im Herbst mit dem Rosch ha-Schana, dem jüdischen Neujahr. Am Abend des 14. Nisan - also beim ersten Vollmond im Frühling - beginnt das Pessach (auch Passah), eines der wichtigsten jüdischen Feste. Es dauert sieben und bei manchen orthodoxen Juden sogar acht Tage. Das christliche Osterfest findet ebenfalls immer im Nisan statt, weil Ostern immer am ersten Sonntag nach dem ersten Frühlingsvollmond gefeiert wird.

Aufgabe 1: *Wonach richtet sich der jüdische Kalender?*

Aufgabe 2: *Informiere dich über die Monate des jüdischen Kalenders und zeichne einen Jahreskreis.*

Aufgabe 3: *Wann wird das Pessach gefeiert?*

Aufgabe 4: *In welchem Monat wird nach jüdischem Kalender das christliche Osterfest gefeiert?*

Stationenlernen Weltreligionen
Klasse 5-7 – Bestell-Nr. 11 530
KOHL VERLAG

Das Judentum

Sie Sederfeier

!

Der Sederabend ist der erste Abend des jüdischen Pessachfestes, das an den Auszug der Israeliten aus Ägypten erinnert. Alle an diesem Abend aufgedeckten Speisen haben eine symbolische Bedeutung. Auf dem Sederteller befinden sich: Maror - ein Bitterkraut; Seroa – eine angebratene Lammkeule; Charosset — eine Knetmasse aus Obst, Nüssen und etwas Rotwein; Chaseret – ein zweites Bitterkraut; Karpas - eine Erdfrucht; Beitzah - ein gesottenes Ei. Weiterhin gehören Matzen (ungesäuerte Brote), Salzwasser und mehrere Becher Wein unbedingt zum Essen dazu. Jeder Gast hat eine Haggada vor sich, das ist ein Buch, in dem die Texte und Anweisungen für den Ablauf des Sederabends stehen.

Aufgabe 1: *Woran erinnert das Pessachfest?*

Aufgabe 2: *Was gehört zum Sederabend unbedingt dazu?*

Aufgabe 3: *Male einen Sederteller nach deinen Vorstellungen.*

Stationenlernen Weltreligionen
Klasse 5-7 – Bestell-Nr. 11 530
KOHL VERLAG

Der jüdische Kalender

Aufgabe 1: *Er richtet sich sowohl nach dem Lauf der Sonne als auch nach dem Lauf des Mondes.*

Aufgabe 2: *siehe Abbildung rechts*

Aufgabe 3: *Das Pessach beginnt am Abend des 14. Nisan und dauert sieben oder acht Tage.*

Aufgabe 4: *Das christliche Osterfest wird ebenfalls im Nisan gefeiert.*

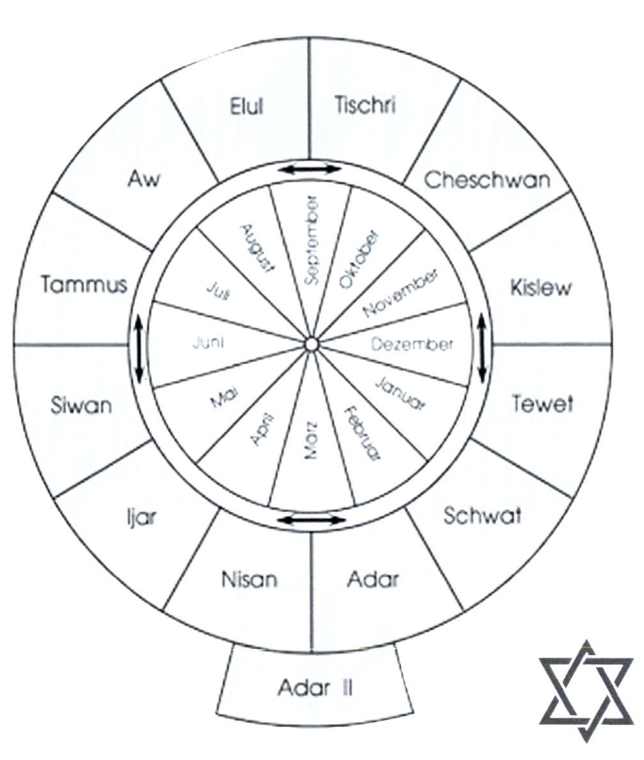

Stationenlernen Weltreligionen Klasse 5-7 – Bestell-Nr. 11 530
KOHL VERLAG

Die Sederfeier

!

Aufgabe 1: *Das Pessachfest erinnert an den Auszug der Israeliten aus Ägypten.*

Aufgabe 2: *Neben dem Sederteller gehören Matzen, Salzwasser und mehrere Becher Wein unbedingt zum Sederabend dazu. Und jeder Gast hat eine Haggada vor sich.*

Aufgabe 3: *Individuelle Lösungen.*

Stationenlernen Weltreligionen Klasse 5-7 – Bestell-Nr. 11 530
KOHL VERLAG

Die hebräische Sprache

Hebräisch ist die Sprache der ältesten jüdischen Schriften. Sie war die Umgangssprache der Juden in der antiken Periode ihrer Unabhängigkeit und wurde nach Jahrhunderten vom Aramäischen verdrängt. Auch noch heute ist hebräisch die Gottesdienstsprache. Das Aramäische ist eine dem Hebräischen sehr ähnliche Sprache. Einige späte Teile in den Schriften des Tanach (die Heilige Schrift der Juden) wurden auf aramäisch verfasst. Jesus und seine jüdischen Landsleute sprachen aramäisch. Im Alltag sprechen Juden heutzutage die Sprache des Landes, in dem sie leben. Das Iwrith, das heute in Israel gesprochen wird, ist eine Wiederbelebung des antiken Hebräisch, das um einen modernen Wortschatz erweitert wurde und auch in der Grammatik einige Anpassungen erfuhr.

Aufgabe 1: *In welcher Sprache sind die alten jüdischen Schriften verfasst?*

Aufgabe 2: *Welche Sprache benutzten Jesus und seine Landsleute?*

Aufgabe 3: *Was ist Iwrith?*

Aufgabe 4: *Was wurde in dieser Sprache neu? Kreuze an.*

- ☐ *Ein neuer Akzent.*
- ☐ *Ein moderner Wortschatz.*
- ☐ *Viele deutsche Wörter.*

Stationenlernen Weltreligionen
Klasse 5-7 – Bestell-Nr. 11 530
KOHL VERLAG

Das Judentum

Die hebräische Schrift

Das hebräische Alphabet besteht aus nur 22 Konsonanten. Für die Buchstaben K, M, N, P/F und TZ gibt es je zwei Schreibweisen. Die Vokale wurden erst im Mittelalter hinzugefügt, als die Aussprache in Vergessenheit zu geraten drohte. Gelesen wird von rechts nach links. Groß- und Kleinschreibung gibt es nicht.

Aufgabe 1: *Lies die beiden Wörter unten links. Die Vokale sind (von rechts nach links): a, ä, lautlos, e, i, lautlos, i.*
Was ist gemeint?

Aufgabe 2: *Schreibe selbst ein Wort oder einen kurzen Satz.*

Stationenlernen Weltreligionen
Klasse 5-7 – Bestell-Nr. 11 530
KOHL VERLAG

Die hebräische Sprache

Das Judentum

Lösungen

Aufgabe 1: *Hebräisch ist die Sprache der ältesten jüdischen Schriften.*

Aufgabe 2: *Jesus und seine Landsleute sprachen aramäisch.*

Aufgabe 3: *Das Iwrith, das heute in Israel gesprochen wird, ist eine Wiederbelebung des antiken Hebräisch, das um einen modernen Wortschatz erweitert wurde und auch in der Grammatik einige Anpassungen erfuhr.*

Aufgabe 4: *Ein moderner Wortschatz.*

KOHL VERLAG Stationenlernen Weltreligionen Klasse 5-7 – Bestell-Nr. 11 530

Die hebräische Schrift

Das Judentum

Lösungen

Aufgabe 1: *Gelesen wird: Aläfbeyt Ivriy,*
gemeint ist: das hebräische Alphabet.

Aufgabe 2: *Individuelle Lösungen.*

KOHL VERLAG Stationenlernen Weltreligionen Klasse 5-7 – Bestell-Nr. 11 530

Das Judentum

Der Sabbat / Teil 1

!

Der Sabbat ist nach dem Schöpfungsbericht der Thora der siebte Wochentag, der von Gott geheiligt ist. Der Sabbat erinnert an das Ruhen Gottes am siebten Tag der Schöpfungswoche und an den Auszug der Hebräer aus der ägyptischen Gefangenschaft. Er beginnt am Freitagabend und endet am Samstagabend. Der Sabbat wird von den Juden als Feiertag begangen. Zum Sabbat gehören bestimmte häusliche Bräuche und der Besuch des Gottesdienstes.

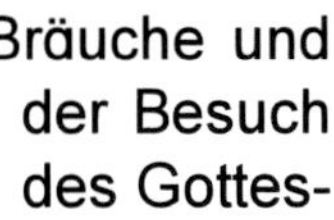

Aufgabe 1: *Beschreibe den Sabbat. Was ist wichtig am Sabbat.*

Aufgabe 2: *Kläre den Begriff „Bräuche“.*

Aufgabe 3: *Finde heraus, woher das Wort „Sabbat“ stammt und was es bedeutet.*

Stationenlernen Weltreligionen
Klasse 5-7 – Bestell-Nr. 11 530
KOHL VERLAG

Das Judentum

Der Sabbat / Teil 2

!

Am Sabbat dürfen orthodoxe Juden kein Feuer anzünden und keine elektrischen Geräte einschalten. Der Sabbat gehört vollkommen der Ruhe und dem Gebet. Speisen, Kleidung und andere Produkte müssen nach den Vorschriften der Thora koscher („rein“) sein. Zwei Kerzen stehen auf dem festlich geschmückten Esstisch. Nach dem Gottesdienstbesuch am Abend findet eine besondere Zeremonie statt, dabei wird ein Becher Wein mit einer gesungenen Lobpreisung gesegnet, dann dankt man Gott und trinkt von dem Wein. Anschließend werden zwei Brotlaibe gesegnet und alle essen etwas davon.

Aufgabe 1: *Erstelle eine Liste mit Vorschriften für den Sabbat.*

Aufgabe 2: *Was bedeutet „koscher“?*

Aufgabe 3: *Kläre folgende Begriffe:*

- *orthodox*
- *Zeremonie*

Aufgabe 4: *Woran erinnert dich der Sabbat? Welche Ähnlichkeit zur Sabbatzeremonie gibt es im Christentum?*

Stationenlernen Weltreligionen
Klasse 5-7 – Bestell-Nr. 11 530
KOHL VERLAG

Der Sabbat / Teil 1

!

Das Judentum

Lösungen

Aufgabe 1: *Der Sabbat wurde von Gott geheiligt. Er erinnert an das Ruhen Gottes am siebten Tag der Schöpfungswoche und an den Auszug der Hebräer aus der ägyptischen Gefangenschaft. Zum Sabbat gehören bestimmte häusliche Bräuche und der Besuch des Gottesdienstes.*

Aufgabe 2: *Bräuche = innerhalb einer Gemeinschaft in bestimmten Formen ausgebildete Gewohnheiten; überkommene Sitten*

Aufgabe 3: *Das Wort Sabbat bedeutet „Ruhetag am Ende der Woche" und kommt von dem hebräischen Wort šabbā „Feiertag", eigentlich „Ruhe, Aufhören der Arbeit", zu hebr. šāba „aufhören, von der Arbeit ausruhen, feiern".*

KOHL VERLAG Stationenlernen Weltreligionen Klasse 5-7 – Bestell-Nr. 11 530

Der Sabbat / Teil 2

!

Das Judentum

Lösungen

Aufgabe 1: *Individuelle Lösungen, z. B.:*
1. *Kein Feuer anzünden!*
2. *Keine elektronischen Geräte einschalten!*
3. *Vollkommene Ruhe und Gebet!*
4. *Speisen und Kleidung müssen „koscher" sein!*

Aufgabe 2: *Der Begriff „koscher" bedeutet „rein".*

Aufgabe 3: *orthodox = rechtgläubig, strenggläubig*
Zeremonie = in bestimmten festen Formen bzw. nach einem Ritus ablaufende feierliche Handlung

Aufgabe 4: *Bei der Sabbatzeremonie wird Gott gedankt. Aus einem Becher wird Wein getrunken. Anschließend wird ein Brotlaib gebrochen und gegessen. Die Symbolik an diesem Abend hat eine starke Ähnlichkeit mit dem christlichen Abendmahl.*

KOHL VERLAG Stationenlernen Weltreligionen Klasse 5-7 – Bestell-Nr. 11 530

Die Stellung der Frau

In der Thora steht, dass Frauen sich den Männern unterordnen sollen. Moderne jüdische Glaubensgemeinschaften sind aber der Meinung, dass die Gebote an die Entwicklung der modernen Gesellschaft angepasst werden müssen. Frauen sollen den Männern gegenüber gleichberechtigt sein. Sie sollen auch aus der Thora lesen und gemeinsam mit den Männern beten dürfen. Seit einigen Jahrzehnten gibt es, vor allem in den USA, auch Rabbinerinnen.

Streng orthodoxe jüdische Männer hingegen danken Gott im Morgengebet dafür, dass sie nicht als Frauen geboren worden sind. Ihre Frauen sollen sich um die Einhaltung der Gebote im Haus und um die Erziehung der Kinder kümmern. In der Synagoge beten sie getrennt von den Männern und sie dürfen nicht aus der Thora vorlesen. Eine verheiratete Frau versteckt ihr Haar in der Öffentlichkeit unter einer Perücke oder einem Kopftuch.

<u>Aufgabe 1</u>: *Wenn es um die Stellung der Frau im Judentum geht, spalten sich die Meinungen in zwei Gruppen. Welche Meinungen haben die zwei Gruppen?*

<u>Aufgabe 2</u>: *Was beten streng orthodoxe Juden in ihrem Morgengebet?*

<u>Aufgabe 3</u>: *Wie kleidet sich eine Frau eines orthodox jüdischen Mannes und welchen Pflichten hat sie nachzugehen?*

Stationenlernen Weltreligionen
Klasse 5-7 – Bestell-Nr. 11 530

Das Judentum

Juden und Nationalsozialismus

Die Juden wurden in der Vergangenheit immer wieder verfolgt, auch und teilweise besonders von Christen. Etwa seit dem vierten Jahrhundert nach Christus waren, nach der konstantinischen Wende, Juden vor allem in Ländern, in denen hauptsächlich Christen lebten, immer öfter Feindseligkeiten ausgesetzt. Eine Begründung für die Abneigung gegen Juden war, dass Jesus von Juden getötet worden sei. Diese ablehnende Haltung bezeichnet man als Antisemitismus. Die schlimmste Verfolgung in Deutschland fand in den Jahren 1933 - 1945 statt. Aus der Rassentheorie und aus den vielen Vorurteilen, die es schon lange gegen die jüdischen Menschen gab, entwickelten die Nationalsozialisten unter Adolf Hitler ihre „Rassenpolitik". Sie richtete sich hauptsächlich gegen Juden, aber auch gegen Sinti und Roma, geistig Behinderte und Homosexuelle.

<u>Aufgabe 1</u>: *Finde heraus, was die konstantinische Wende war und was sie für die Juden bedeutete.*

<u>Aufgabe 2</u>: *Was weißt du über die Zeit des Nationalsozialismus? Fasse zusammen, was in der Zeit zwischen 1933 und 1945 mit den Juden (und anderen „Rassen") geschah.*

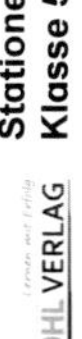

Stationenlernen Weltreligionen
Klasse 5-7 – Bestell-Nr. 11 530

Die Stellung der Frau

Das Judentum

Lösungen

Aufgabe 1: *Moderne jüdische Glaubensgemeinschaften sind aber der Meinung, dass die Gebote an die Entwicklung der modernen Gesellschaft angepasst werden müssen. Frauen sollen den Männern gegenüber gleichberechtigt sein.*
Streng orthodoxe jüdische Männer hingegen danken Gott im Morgengebet dafür, dass sie nicht als Frauen geboren worden sind. Ihre Frauen sollen sich um die Einhaltung der Gebote im Haus und um die Erziehung der Kinder kümmern.

Aufgabe 2: *Streng orthodoxe jüdische Männer danken Gott dafür, dass sie nicht als Frauen geboren worden sind.*

Aufgabe 3: *Eine verheiratete Frau versteckt ihr Haar in der Öffentlichkeit unter einer Perücke oder trägt ein Kopftuch. Sie soll sich um die Einhaltung der Gebote im Haus und um die Erziehung der Kinder kümmern.*

KOHL VERLAG Stationenlernen Weltreligionen Klasse 5-7 – Bestell-Nr. 11 530

Juden und Nationalsozialismus

Das Judentum

Lösungen

Aufgabe 1: *Die konstantinische Wende begann, als die Christen (und die anderen Religionen) durch das auf Veranlassung des römischen Kaisers Konstantin I. im Jahr 313 unterzeichnete Mailänder Edikt ihre Glaubensfreiheit erhielten. Danach gewann das Christentum im Römischen Reich immer mehr an Einfluss und wurde schließlich im Jahr 380 durch Kaiser Theodosius I. zur Staatsreligion erklärt. Damit endete im Grunde die Glaubensfreiheit aller wieder. Das Judentum geriet wieder zunehmend unter Druck. Es wurde zwar nicht verboten, aber durch verschiedene Gesetze eingeschränkt.*

Aufgabe 2: *<u>Mögliche Lösung</u>:*
Nach der Ernennung Adolf Hitlers zum Reichskanzler wurden die Juden in den deutschen Gebieten systematisch zunächst diskriminiert und isoliert, dann in Konzentrationslager deportiert und umgebracht. Insgesamt starben etwa 6 Millionen Juden.

KOHL VERLAG Stationenlernen Weltreligionen Klasse 5-7 – Bestell-Nr. 11 530

Allgemeines Christentum

„Der Herr ist mein Licht und mein Heil“ **Psalm 27, Vers 1**

Das Christentum ist mit ungefähr 2,3 Milliarden Anhängern vor dem Islam und dem Hinduismus die größte Religion der Erde. Die Anhänger des Christentums nennen sich selbst Christen, nach Jesus Christus. Denn das Christentum geht zurück auf die Anhänger des jüdischen Wanderpredigers Jesus von Nazareth. Jesus wird von den Christen als der Christus (= der Gesalbte), also der jüdische Messias, sowie als der Mensch gewordene Sohn Gottes verehrt. Das Christentum ist eine monotheistische Religion. Das heißt, dass die Christen nur an einen einzigen Gott glauben. Sie sehen Gott dabei als einen dreifaltigen Gott an: als Vater, als Sohn (Christus) und als Heiligen Geist. Das Christentum ist außerdem eine missionierende Religion, also eine Religion, die ihre Botschaft aktiv verbreitet. Der Tod Jesu Christi am Kreuz wird dabei als Erlösertat Gottes angesehen.

Aufgabe 1: *Wie viele Anhänger hat das Christentum circa?*

Aufgabe 2: *Wie nennen sich die Anhänger des Christentums?*

Aufgabe 3: *Auf welchen Menschen stützt sich der christliche Glaube besonders?*

Aufgabe 4: *Was meinen die Christen mit der „Dreifaltigkeit“ Gottes?*

Stationenlernen Weltreligionen
Klasse 5-7 – Bestell-Nr. 11 530
KOHL VERLAG

Jesus von Nazareth

!

Aufgabe 1: *Kennst du den Mann auf dem Bild? Welche Rolle spielt er im christlichen Glauben?*

Aufgabe 2: *Warum trägt er eine Dornenkrone?*

Aufgabe 3: *Schau dir einmal seinen Gesichtsausdruck an. Was könnte er denken oder fühlen?*

Aufgabe 4: *Warum nannte man ihn „von Nazareth“?*

Stationenlernen Weltreligionen
Klasse 5-7 – Bestell-Nr. 11 530

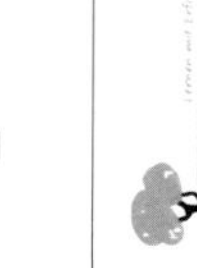

Allgemeines Christentum

Das Christentum

Lösungen

Aufgabe 1: *Das Christentum hat circa 2,3 Milliarden Anhänger.*

Aufgabe 2: *Die Anhänger des Christentums nennen sich selbst „Christen“ (nach Jesus Christus).*

Aufgabe 3: *Das Christentum geht zurück auf die Anhänger des jüdischen Wanderpredigers Jesus von Nazareth. Jesus wird von den Christen als der Christus (= der Gesalbte), also der jüdische Messias, sowie als der Mensch gewordene Sohn Gottes verehrt.*

Aufgabe 4: *Die Christen sehen Gott als einen dreifaltigen Gott an: als Vater, als Sohn (Christus) und als Heiligen Geist.*

KOHL VERLAG Stationenlernen Weltreligionen Klasse 5-7 – Bestell-Nr. 11 530

Jesus von Nazareth

Das Christentum

Lösungen

Aufgabe 1: *Das Bild zeigt die wichtigste Person im Christentum – Jesus Christus. Jesus wird von den Christen als der Christus (= der Gesalbte), also der jüdische Messias, sowie als der Mensch gewordene Sohn Gottes verehrt.*

Aufgabe 2: *Jesus von Nazareth wurde von Pontius Pilatus zum Tod am Kreuz verurteilt. Während er sein Kreuz zu der Stelle trug, an der er gekreuzigt wurde, musste er eine Dornenkrone tragen. Sie diente zur weiteren Verspottung Jesu.*

Aufgabe 3: *Mögliche Lösungen: Er sieht leidend aus; traurig; sein Blick ist nach oben gerichtet; er fragt sich, warum er das jetzt erleiden muss.*

Aufgabe 4: *Da er ein Wanderprediger aus der Stadt Nazareth war, wurde er nach seiner Herkunftsstadt gerufen.*

KOHL VERLAG Stationenlernen Weltreligionen Klasse 5-7 – Bestell-Nr. 11 530

Das Christentum

Die Bibel

Als Bibel bezeichnet das Christentum eine Sammlung religiöser Schriften, die für sie das Wort Gottes enthalten. Der wichtigste Teil der christlichen Bibel ist das Neue Tes-tament. Es enthält unter anderem die vier Evangelien (Evangelium = Gute Nachricht), die alle das Leben Jesu beschreiben. Mat-thäus, Markus, Lukas und Johannes heißen die Menschen, die die Evangelien ungefähr zwischen 70 und 120 nach Christus geschrieben haben. Auch das Heilige Buch des Judentums gehört zu den Heiligen Schriften des Christentums. In der Bibel der Christen heißt es „Altes Testament". Die fünf Bücher Mose sind den Rollen der jüdischen Thora gleich.

Aufgabe 1: *Erkundige dich über die Herkunft des Wortes Bibel und dessen wortwörtliche Bedeutung?*

Aufgabe 2: *Wie ist die Bibel unterteilt?*

Aufgabe 3: *Wer beschreibt in der Bibel das Leben Jesu?*

Aufgabe 4: *Mit welcher Heiligen Schrift einer anderen Religion hat die Bibel die fünf Bücher Mose gemeinsam?*

Stationenlernen Weltreligionen
Klasse 5-7 – Bestell-Nr. 11 530
KOHL VERLAG

Das Christentum

Mit der Bibel arbeiten

Aufgabe 1: *Suche die folgenden Stellen in der Bibel (Einheitsübersetzung) und schreibe den Vers, der angegeben ist, in dein Heft.*

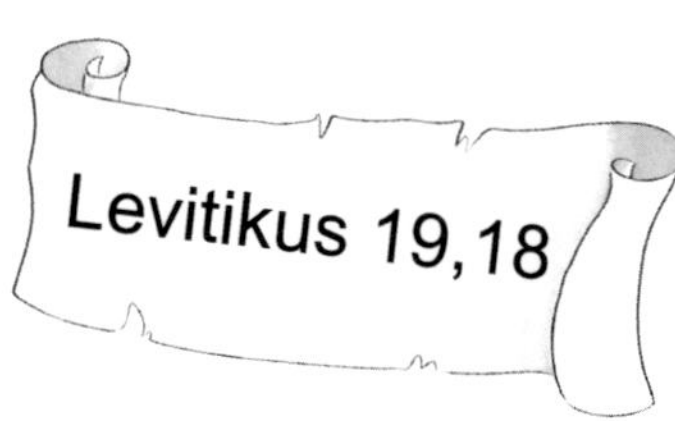

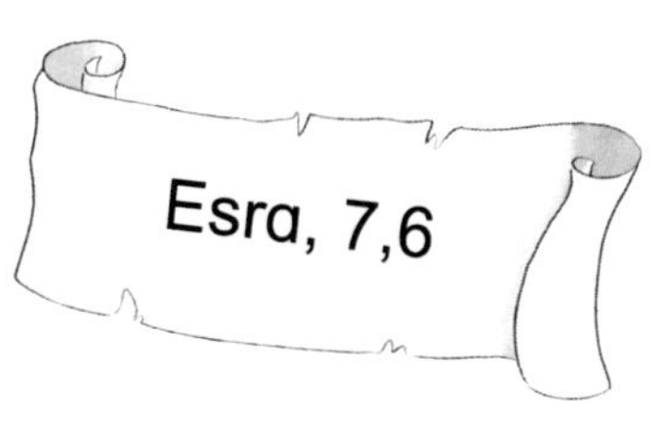

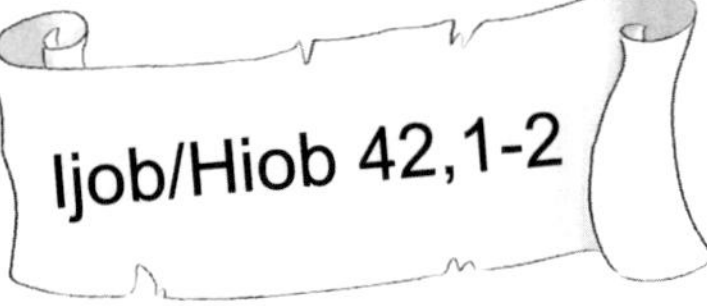

Stationenlernen Weltreligionen
Klasse 5-7 – Bestell-Nr. 11 530
KOHL VERLAG

Die Bibel

!

Das Christentum

Lösungen

Aufgabe 1: *Es stammt aus dem Kirchenlateinischen: biblia (Plural) = die heiligen Bücher (des Alten und Neuen Testaments), bzw. dem Griechischen: biblíon = Papyrusrolle. Ursprünglich: bíblos, býblos= Papyrusstaude.*

Aufgabe 2: *Die Bibel ist ein Buch, das aus sehr vielen kleinen Büchern besteht. Man unterteilt sie in zwei große Teile, das Alte und Neue Testament.*

Aufgabe 3: *Das Leben Jesu wird in den vier Evangelien (Matthäus, Markus, Lukas und Johannes) beschrieben.*

Aufgabe 4: *Das Heilige Buch des Judentums gehört zu den Heiligen Schriften des Christentums. In der Bibel der Christen heißt es „Altes Testament". Die fünf Bücher Mose sind den Rollen der jüdischen Thora gleich.*

KOHL VERLAG Stationenlernen Weltreligionen Klasse 5-7 – Bestell-Nr. 11 530

Mit der Bibel arbeiten

!

Das Christentum

Lösungen

Aufgabe 1:

- ***Levitikus 19,18**: An den Kindern deines Volkes sollst du dich nicht rächen und ihnen nichts nachtragen. Du sollst deinen Nächsten lieben wie dich selbst. Ich bin der Herr.*
- ***Römer 14,3**: Wer Fleisch isst, verachte den nicht, der es nicht isst; wer kein Fleisch isst, richte den nicht, der es isst. Denn Gott hat ihn angenommen.*
- ***Esra 7,6**: Dieser Esra kam also von Babel herauf. Er war ein Schriftgelehrter, kundig im Gesetz des Mose, das der Herr, der Gott Israels, gegeben hatte. Weil die Hand des Herrn, seines Gottes, über ihm war, gewährte der König ihm alles, was er wünschte.*
- ***Lukas 22,17**: Und er nahm den Kelch, sprach das Dankgebet und sagte: Nehmt den Wein und verteilt ihn untereinander!*
- ***Ijob/Hiob 42,1-2**: [1] Da antwortete Ijob dem Herrn und sprach: [2] Ich hab erkannt, dass du alles vermagst; kein Vorhaben ist dir verwehrt.*

KOHL VERLAG Stationenlernen Weltreligionen Klasse 5-7 – Bestell-Nr. 11 530

Die Zehn Gebote / Teil 1

Wie für die Juden gelten auch für Christen die Zehn Gebote. Sie werden von Gläubigen als Forderungen Gottes an die Lebensweise des Menschen betrachtet. Man findet sie im Alten Testament an zwei Stellen in den fünf Büchern Mose (2. Mose 20,2-17 und 5. Mose 5,6-21). Der Überlieferung nach empfing Mose sie auf dem Berg Sinai von Gott. Ursprünglich waren die Zehn Gebote an das aus der Sklaverei befreite Volk Israel gerichtet.

Aufgabe 1: *Vergleiche die beiden biblischen Texte zu den Zehn Geboten? Welche Unterschiede kannst du entdecken?*

Übrigens: *Auch im Koran, der Heiligen Schrift der Muslime, werden die Zehn Gebote wieder aufgenommen.*

(Sure 17,22-39)

Die Zehn Gebote / Teil 2

Das Christentum

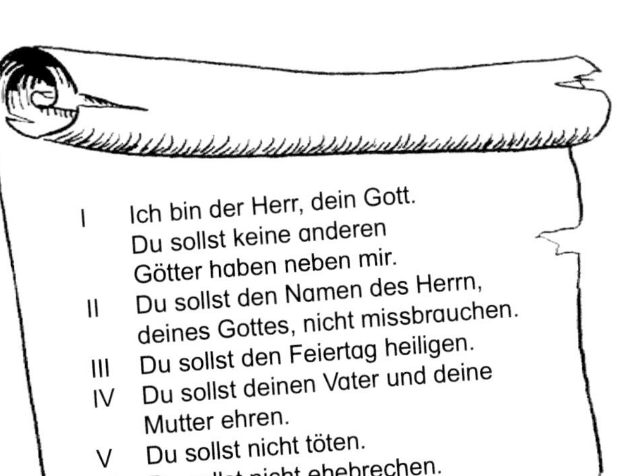

I Ich bin der Herr, dein Gott. Du sollst keine anderen Götter haben neben mir.
II Du sollst den Namen des Herrn, deines Gottes, nicht missbrauchen.
III Du sollst den Feiertag heiligen.
IV Du sollst deinen Vater und deine Mutter ehren.
V Du sollst nicht töten.
VI Du sollst nicht ehebrechen.
VII Du sollst nicht stehlen.
VIII Du sollst nicht falsch Zeugnis reden wider deinen Nächsten.
IX Du sollst nicht begehren deines Nächsten Weib.
X Du sollst nicht begehren deines Nächsten Hab und Gut

Aufgabe 1: *Schreibe jedes Gebot in eigenen Worten um. Versuche so sinngemäß wie möglich zu „übersetzen“.*

Aufgabe 2: *Welches Gebot findest du am wichtigsten? Erstelle eine Rangliste. Nummer 1 ist dabei das wichtigste Gebot.*

Stationenlernen Weltreligionen
Klasse 5-7 – Bestell-Nr. 11 530

Das Christentum

Die Zehn Gebote / Teil 1

Lösungen

Aufgabe 1: *Unterschiede sind z. B.:*

- *Die Begründung für die Sabbatheiligung: „Denn in sechs Tagen hat der Herr Himmel, Erde und Meer gemacht und alles, was dazugehört; am siebten Tag ruhte er. Darum hat der Herr den Sabbattag gesegnet und ihn für heilig erklärt.“ (2. Mose 20,11) und „Denk daran: Als du in Ägypten Sklave warst, hat dich der Herr, dein Gott, mit starker Hand und hoch erhobenem Arm dort herausgeführt. Darum hat es dir der Herr, dein Gott, zur Pflicht gemacht, den Sabbat zu halten.“ (5. Mose 5,15).*

- *Die Reihenfolge dessen, was nicht begehrt werden darf: Erst das Haus, dann die Frau (2. Mose 20,17) oder erst die Frau, dann das Haus und das Feld (5. Mose 5,21).*

KOHL VERLAG Stationenlernen Weltreligionen Klasse 5-7 – Bestell-Nr. 11 530

Das Christentum

Die Zehn Gebote / Teil 2

!

Lösungen

Aufgabe 1: *Mögliche Lösung:*

Ich allein will dein Gott sein. Andere Götter dulde ich nicht.
Du sollst mich und meinen Namen in Ehren halten.
Du sollst am Sonntag Ruhe halten.
Du sollst deinen Eltern gehorchen.
Du sollst niemanden umbringen,
nicht fremdgehen und
nichts klauen.
Das was du sagst, soll immer die Wahrheit sein.
Du sollst nicht neidisch auf deinen Nachbarn sein,
sondern zufrieden sein mit dem, was du hast.

Aufgabe 2: *Individuelle Lösungen.*

KOHL VERLAG Stationenlernen Weltreligionen Klasse 5-7 – Bestell-Nr. 11 530

Die Konfessionen / Teil 1

Das Christentum

Es gibt eine Vielzahl an christlichen Glaubensgemeinschaften. Dazu gehören unter anderem:

Die **katholische Kirche**. Sie ist die älteste und größte christliche Kirche. Sie ist ähnlich aufgebaut wie ein Staat: das Oberhaupt ist der Papst, den die Katholiken als den Stellvertreter von Jesus auf Erden ansehen. Die Priester kümmern sich um die gläubigen Christen in den Gemeinden.

Orthodoxe Kirchen: 1054 nach Christus spaltete sich die sogenannte „Ostkirche“ von der katholischen Kirche ab. Sie hatte andere theologische Ansichten, zum Beispiel über die Dreifaltigkeit. Später entstanden aus der Ostkirche zum Beispiel die russisch-orthodoxe und die griechisch-orthodoxe Kirche. Ihre Oberhäupter heißen Patriarchen.

Aufgabe 1: *Wie ist die katholische Kirche aufgebaut?*

Aufgabe 2: *Wie kam es zur Spaltung zwischen der katholischen Kirche und den Ostkirchen?*

Aufgabe 3: *Wie nennt man die Oberhäupter in der Orthodoxen Kirche?*

Stationenlernen Weltreligionen
Klasse 5-7 – Bestell-Nr. 11 530

Die Konfessionen / Teil 2

Das Christentum

Die Evangelische oder Protestantische Kirche entstand in Deutschland in den Jahren nach 1517 nach Christus. Maßgeblich daran beteiligt war unter anderem der Mönch Martin Luther, der nicht damit einverstanden war, dass die katholische Kirche damals für die Befreiung von ihren Sünden Geld von den Gläubigen verlangte (Ablass). Die Gnade Gottes war nach Luther für alle da, ohne dass man sie kaufen müsste. Hierzu veröffentlichte er 1517 seine 95 Thesen, durch die er sehr bald bekannt wurde. Er war auch dagegen, dass der Gottesdienst auf lateinisch abgehalten wurde, obwohl nur die wenigsten Gläubigen diese Sprache verstehen konnten. Außerdem übersetzte Luther das Neue Testament ins Deutsche.

Aufgabe 1: *Wodurch wurde Martin Luther bekannt?*

Was hat dieser Mann im Christentum bewirkt?

Stationenlernen Weltreligionen
Klasse 5-7 – Bestell-Nr. 11 530

Die Konfessionen / Teil 1

Das Christentum

Lösungen

Aufgabe 1: *Sie ist ähnlich aufgebaut wie ein Staat: Das Oberhaupt ist der Papst, den die Katholiken als Stellvertreter von Jesus auf Erden ansehen. Die Priester kümmern sich um die gläubigen Christen in den Gemeinden.*

Aufgabe 2: *Sie hatten andere theologische Ansichten, z.B. über die Dreifaltigkeit.*

Aufgabe 3: *Man nennt sie Patriarchen.*

Stationenlernen Weltreligionen
Klasse 5-7 – Bestell-Nr. 11 530
KOHL VERLAG

Die Konfessionen / Teil 2

Das Christentum

Lösungen

Aufgabe 1: *Der Mönch Martin Luther wurde durch seine 95 Thesen aus dem Jahr 1517 nach Christus bekannt, mit denen er sich gegen den Ablass wandte. In den Jahren danach war er maßgeblich daran beteiligt, dass in Deutschland die evangelische Kirche entstand.*

Stationenlernen Weltreligionen
Klasse 5-7 – Bestell-Nr. 11 530
KOHL VERLAG

Das christliche Kirchenjahr

Das Kirchenjahr enthält zwei große Festkreise (Weihnachtsfestkreis, Osterfestkreis), die in der katholischen und evangelischen Kirche größtenteils übereinstimmen. Es beginnt am 1. Adventssonntag. Über die großen Festkreise hinaus gibt es weitere Feste und Gedenktage. Die evangelische Kirche fasst einige Feste zur so genannten Trinitatiszeit und dem Kirchenjahresende zusammen. In die Trinitatiszeit fallen neben Trinitatis (= Dreifaltigkeitssonntag) Erntedank, der Buß- und Bettag sowie der Reformationstag. Das Kirchenjahresende bilden die drei Sonntage vor dem ersten Advent. Den einzelnen Festen und Festzeiten sind spezifische liturgische Farben zugeordnet. Diese werden heute in der katholischen, anglikanischen und lutherischen Kirche etwa gleich verwendet. Die Farben sind Weiß, Violett, Grün, Rot und Schwarz. Nach ihnen richtet sich die Farbe der Paramente an Altar und Kanzel.

Aufgabe 1: *Male den Kirchenjahreskreis.*

Aufgabe 2: *Was bedeutet Trinitatis?*

Aufgabe 3: *Stimmen die katholischen und evangelischen Festtage im Kalender überein?*

Aufgabe 4: *Welche liturgischen Farben sind den christlichen Festen und Festzeiten zugeordnet? Kannst du die Farben dem Kirchenjahr zuordnen?*

Stationenlernen Weltreligionen
Klasse 5-7 – Bestell-Nr. 11 530
KOHL VERLAG

Das Christentum

Feste der Christen

Aufgabe 1:

Verbindest du mit den Bildern bestimmte christliche Feiertage? Schreibe auf, welche Festtage mit den Bildern gemeint sind. Bringe sie zeitlich in die richtige Reihenfolge.

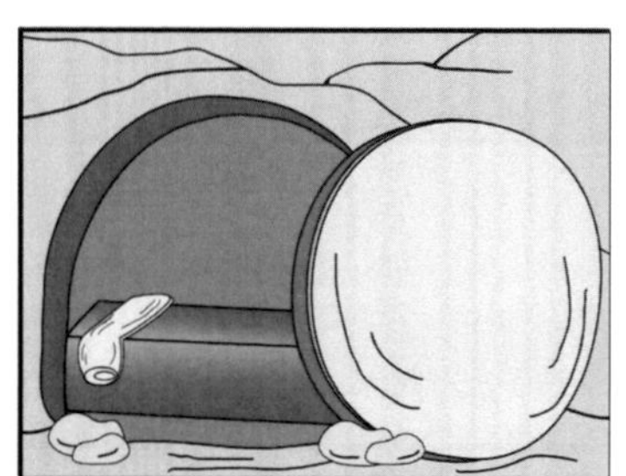

a) ____________________

b) ____________________

c) ____________________ d) ____________________ e) ____________________

Stationenlernen Weltreligionen
Klasse 5-7 – Bestell-Nr. 11 530
KOHL VERLAG

Das Christentum

Das christliche Kirchenjahr

Lösungen

Aufgabe 1: *siehe rechts*

Aufgabe 2: *Trinitatis meint den „Dreifaltigkeitssonntag“.*

Aufgabe 3: *Ja, sie stimmen größtenteils überein.*

Aufgabe 4: *Die Farben sind Weiß, Violett, Grün, Rot und Schwarz. Die Zuordnung ist im Kirchenjahreskreis dargestellt.*

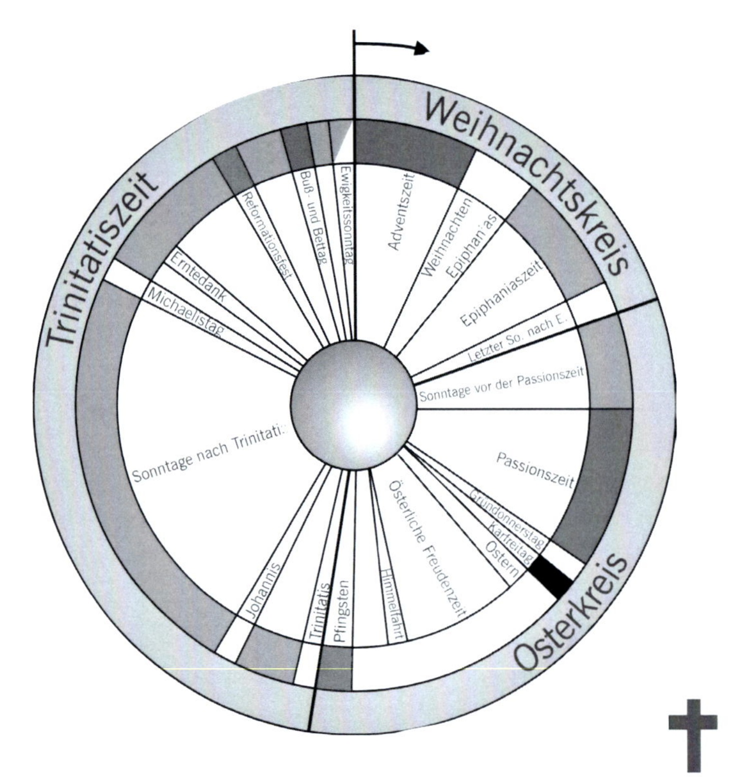

Stationenlernen Weltreligionen Klasse 5-7 – Bestell-Nr. 11 530
KOHL VERLAG

Das Christentum

Feste der Christen

Lösungen

Aufgabe 1:

a) *Weihnachten*

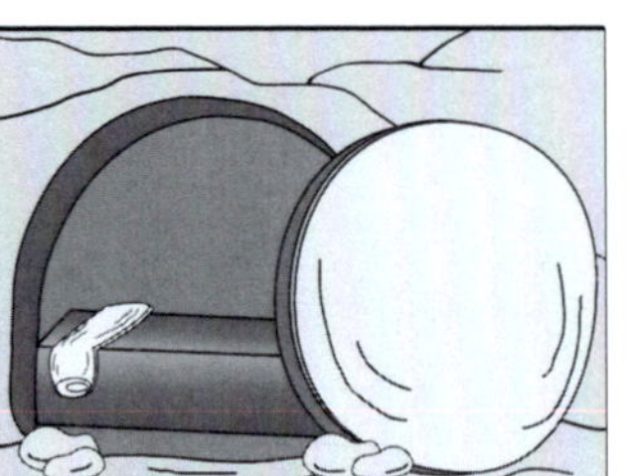

b) *Ostern*

c) *Palmsonntag*

d) *Erntedankfest*

e) *Karfreitag*

Stationenlernen Weltreligionen Klasse 5-7 – Bestell-Nr. 11 530
KOHL VERLAG

Das Christentum

Bräuche und Riten

Im Christentum haben sich bereits seit langer Zeit Riten und Bräuche entwickelt. Beispielsweise ist es in der gesamten Christenheit verbreitet, sieben Wochen vor Ostern zu fasten. Die Orthodoxe Kirche gibt für ihre Gemeinschaft sogar einen genauen Plan für die Ernährung an diesen Tagen aus, an den sich alle orthodoxen Christen zu halten haben. Des weiteren ist es zum Brauch geworden, ein paar Tage vor Weihnachten einen Tannenbaum in die Wohnung zu stellen und ihn mit vielen Kleinigkeiten zu schmücken. Darunter liegt dann die Krippe Christi (natürlich als Modell) und auch die Geschenke, die erst an Weihnachten unter dem Tannenbaum hervorgeholt werden. Bei den Katholiken ist es üblich, am Palmsonntag sogenannte Palmbesen aufzustellen, zum Gedenken an den Einzug Jesu in Jerusalem.

Aufgabe 1: *Nenne die Bräuche, die im Text genannt werden.*

Aufgabe 2: *Kennst du andere Bräuche, die im Christentum verbreitet sind? Nenne und beschreibe.*

Aufgabe 3: *Informiere dich über die orthodoxe Fastenzeit. Schreibedie wichtigsten Bemerkungen auf.*

Stationenlernen Weltreligionen
Klasse 5-7 – Bestell-Nr. 11 530

Das Christentum

Symbolik des Christentums

!

Aufgabe 1: *Was haben die nebenstehenden Symbole mit dem Christentum zu tun?*

Stationenlernen Weltreligionen
Klasse 5-7 – Bestell-Nr. 11 530

Bräuche und Riten

Lösungen

Aufgabe 1: *Die 7-wöchige Fastenzeit vor Ostern.*
Das Weihnachtsbaumschmücken ein paar Tage vor Heiligabend.
Das Palmenbinden am Palmsonntag.

Aufgabe 2: *Individuelle Lösungen*

Aufgabe 3: *In der Orthodoxie ist die Fastenzeit die „heiligste" und „größte" Zeit der orthodoxen Christen, weshalb sie auch wortwörtlich „Die große Fastenzeit" (russ.: „Velikij Post") genannt wird. Es wird ein Plan ausgegeben mit strengen Regelungen in der Ernährung. Beispielsweise darf montags, mittwochs und freitags nur Rohkost und Brot zu sich genommen werden. Dienstags und donnerstags darf gekochte Kost ohne Brot aufgenommen werden. An Feiertagen, wie der „Verkündung der Heiligen Gottesmutter" oder dem Palmsonntag darf auch Fisch gegessen werden. Die letzte Woche, also die „Karwoche", wird auch „Passionswoche" genannt, sieht nur Rohkost und Wasser als Ernährung vor. Sie endet am Karsamstag um 23 Uhr, wo alle in der Kirche auf das Osterfest warten.*

Stationenlernen Weltreligionen Klasse 5-7 ■ Bestell-Nr. 11 530
KOHL VERLAG

Symbolik des Christentums

!

Lösungen

Aufgabe 1: ***Kreuz:*** *Es ist das wichtigste Symbol der Christenheit. Es erinnert an das Leiden Jesu und seinen Tod am Kreuz. Durch ihn erlangen die Christen immer wieder Hoffnung und Vergebung für ihre Sünden.*

Christusmonogramm: *Die ineinanderstehenden Buchstaben X (Chi) und P (Rho) sind nach dem Kreuz das wohl am häufigsten gebrauchte Christussymbol. Schon die ersten Christen zeigten mit den ersten beiden Buchstaben des Wortes „Christus" (der Gesalbte) ihren Glauben an Jesus Christus.*

Fisch: *Der Fisch erinnert daran, dass einige von Jesu Schülern Fischer waren. Die Anfangsbuchstaben des griechischen Wortes für Fisch stehen für „Jesus Christus, Gottes Sohn, Retter".*

Alpha und Omega: *Das Alpha ist der erste, das Omega der letzte Buchstabe des griechischen Alphabets. Dieses Symbol nimmt Bezug auf die Bibelstelle Offenbarung 1,8: „Ich bin das Alpha und das Omega, spricht Gott, der Herr, der ist und der war und der kommt, der Herrscher über die ganze Schöpfung.", und es steht für den Anfang und das Ende.*

Weinstock: *Der Weinstock ist ein Symbol für die Verbundenheit zwischen Christus und den Gläubigen. Christus, der Weinstock, schenkt ihnen Kraft, wenn sie mit ihm verbunden bleiben.*

Taube: *Die Taube ist ein Symbol für den Heiligen Geist. In der Bibel wird berichtet, dass der Heilige Geist bei Jesu Taufe wie eine Taube auf ihn herabkam.*

Stationenlernen Weltreligionen

Die Taufe

!

Das Christentum

Die Taufe ist vor allem die Zusage der Liebe und des Segens Gottes. Die Geburt eines Kindes ist ein Geschenk Gottes. Eltern antworten auf dieses Geschenk, indem sie ihr Kind taufen lassen. Mit der Taufe ist das Kind nun ein Mitglied der Gemeinschaft der Christen. Es kann sich nun als Kind Gottes sehen. Gott spricht in der Taufe den Menschen seine Liebe zu - ganz unabhängig davon, wie sie sich verhalten. Eltern und Paten haben die Aufgabe, stellvertretend für die Kinder den Glauben zu bezeugen und den Kindern von ihrem christlichen Glauben zu erzählen. Die meisten christlichen Eltern lassen ihre Kinder kurz nach der Geburt taufen. In vielen Gemeinden gießt der Pastor, Pfarrer oder Priester dem Baby etwas Wasser über die Stirn. Damit ist das Kind in die Gemeinschaft der Christen aufgenommen. Die Taufe ist in der evangelischen wie auch katholischen Kirche ein Sakrament.

Aufgabe 1: *Was bedeutet die Taufe?*

Aufgabe 2: *Informiere dich: Was ist ein Sakrament?*

Aufgabe 3: *Nenne die Sakramente der Evangelischen und der Katholischen Kirche. Lege dazu am besten eine Tabelle an.*

Stationenlernen Weltreligionen
Klasse 5-7 – Bestell-Nr. 11 530
KOHL VERLAG

Die Bergpredigt

!

Das Christentum

Die Bergpredigt ist eine programmatiche Rede, die ganz am Anfang des Wirkens Jesu steht. Sie steht im Matthäusevangelium und hat bis heute in allen christlichen Konfessionen eine zentrale Bedeutung. Jesus erklärt seinen Anhängern in der Bergpredigt den Willen Gottes. Er bezieht sich dabei immer wieder auf das Alte Testament und legt diverse Regeln und Gebote aus. Eine revolutionäre Idee der Bergpredigt ist die Feindesliebe. Jesus zitiert die „Auge um Auge“-Regel aus dem Alten Testament und erklärt seinen Zuhörern, dass sie auch diejenigen lieben sollen, die ihnen Böses wollen. Diese Stelle wird von vielen Theologen als wesentliches Element des Christentums gesehen. Diese Idee geht über alles hinaus, was im Alten Testament und in anderen Religionen zu finden ist.

Aufgabe 1: *Lies dir die Bergpredigt durch. Sie steht im Matthäusevangelium in den Kapiteln 5-7.*

Schreibe die wichtigsten Punkte, die Jesus über den Willen Gottes erwähnt, auf.

Stationenlernen Weltreligionen
Klasse 5-7 – Bestell-Nr. 11 530
KOHL VERLAG

Die Taufe

!

Lösungen

Aufgabe 1: *Die Taufe ist vor allem die Zusage der Liebe und des Segens Gottes. Die Geburt eines Kindes ist ein Geschenk Gottes. Eltern antworten auf dieses Geschenk, indem sie ihr Kind taufen lassen. Mit der Taufe ist das Kind nun ein Mitglied der Gemeinschaft der Christen.*

Aufgabe 2: *Sakramente sind sichtbare Zeichen für das unsichtbare Wirken und die unsichtbare Gnade Gottes. Sie sind direkt oder indirekt von Christus eingesetzt und werden dem Einzelnen meistens von Pastoren, Priestern oder Pfarrern gespendet.*

Aufgabe 3: *Die **Evangelische Kirche** kennt nur **zwei Sakramente**: die **Taufe** und das **Abendmahl**. Nach ihrer Überzeugung gehören zu einem Sakrament das sichtbare Zeichen und das Stiftungswort Jesu.*
*Die **Katholischen** (und die **Orthodoxen**) **Kirchen** kennen hingegen **sieben Sakramente**: neben der **Taufe** und dem **Altarsakrament (Kommunion, Eucharistie)** noch die **Firmung (Orthodoxe: Myronsalbung)**, die **Buße (Beichte)**, die **Krankensalbung (früher: Letzte Ölung)**, die **Weihe** und die **Ehe**.*

Stationenlernen Weltreligionen
Klasse 5-7 ■ Bestell-Nr. 11 530
KOHL VERLAG

Das Christentum

Die Bergpredigt

!

Lösungen

Aufgabe 1: *Mögliche Lösungen:*

- *Auf jene, denen Unrecht geschieht, und jene, die leiden müssen, wartet im ewigen Himmelreich eine Belohnung.*
- *Man soll gute Werke vollbringen und dem Vater im Himmel danken.*
- *Man soll selbst alle Gebote halten und lehren, sie zu halten.*
- *Mit dem Bruder soll man immer zusammenhalten und ihn nicht beschimpfen.*
- *Es ist schon Ehebruch, wenn man eine Frau begehrlich anschaut.*
- *Man soll nicht schwören: Ein Ja soll Ja und ein Nein soll Nein bedeuten.*
- *Wer bittet, dem soll man geben. Wer dir etwas Böses will, soll es tun.*
- *Liebt eure Feinde und betet für die, die euch verfolgen.*
- ...

Stationenlernen Weltreligionen
Klasse 5-7 ■ Bestell-Nr. 11 530
KOHL VERLAG

Allgemeines zum Juden- & Christentum

Judentum – Christentum

Aufgabe 1: *Schau dir die zwei Symbole an und erzähle, was du alles über die beiden Religionen weißt.*

Stationenlernen Weltreligionen
Klasse 5-7 – Bestell-Nr. 11 530

KOHL VERLAG

Zuordnungen zum Juden- & Christentum

Judentum – Christentum

Aufgabe 1: *Ordne die Bilder der entsprechenden Religion zu. Schreibe dafür ein **C für Christentum** oder ein **J für Judentum** in die Kreise.*

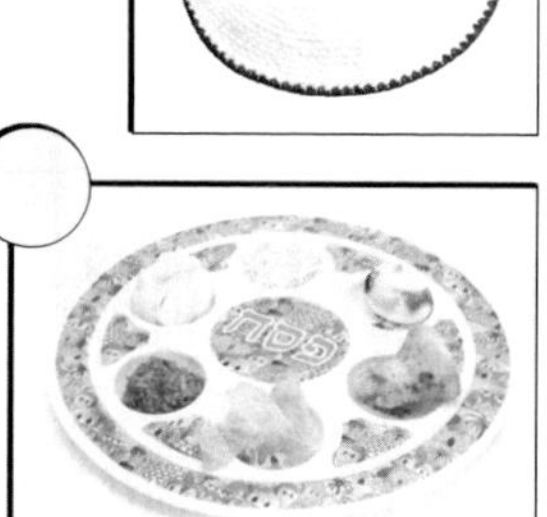

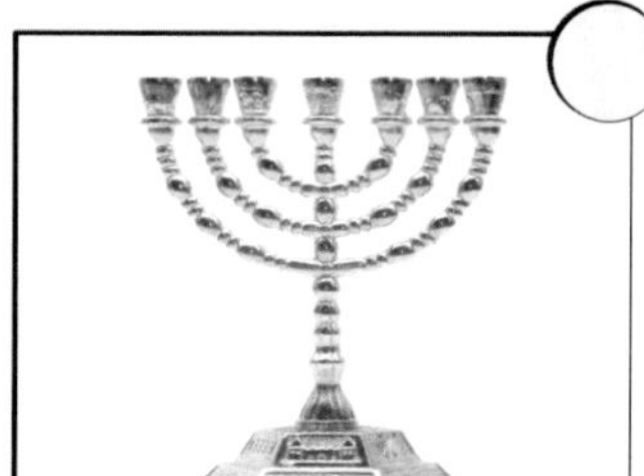

Stationenlernen Weltreligionen
Klasse 5-7 – Bestell-Nr. 11 530
KOHL VERLAG

Allgemeines zum Juden- & Christentum

Judentum – Christentum

Lösungen

Aufgabe 1: *Eine Diskussion oder ein Gespräch führen, das zu einem Vergleich der beiden Religionen führt.*

	Judentum	***Christentum***
Gemeinsamkeiten	• *monotheistische Religion* • *Glaube an Gott* • *Konfessionen (Untergruppen)* • *Glaubensbekenntnis* • *Abraham als „Stammvater“*	
Unterschiede	• *strenge Essensvorschriften* • *selten strenge Kleidungs-vorschriften* • *viele Gebote und Pflichten* • *Jesus weder als Heilsbrin-ger noch als Prophet* • *teilweise strenge religiöse Erziehung*	• *keine strengen Essens-vorschriften ...* *oder Kleidungsvorschriften* • *wenige Gebote, kaum Pflichten* • *Jesus als Heilsbringer* • *selten strenge religiöse Erziehung*

KOHL VERLAG Stationenlernen Weltreligionen Klasse 5-7 ■ Bestell-Nr. 11 530

Zuordnungen zum Juden- & Christentum

Judentum – Christentum

Lösungen

Aufgabe 1:

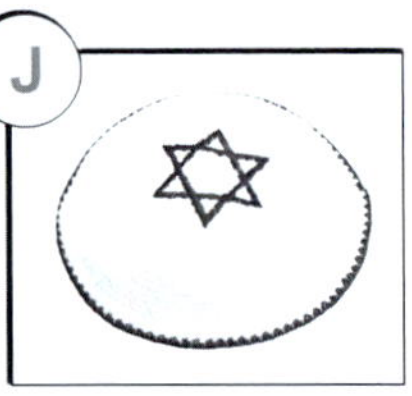

J  C  C  J J
C  J 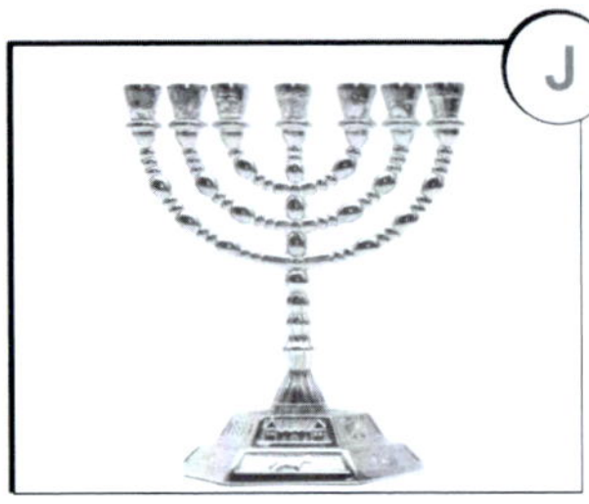 C

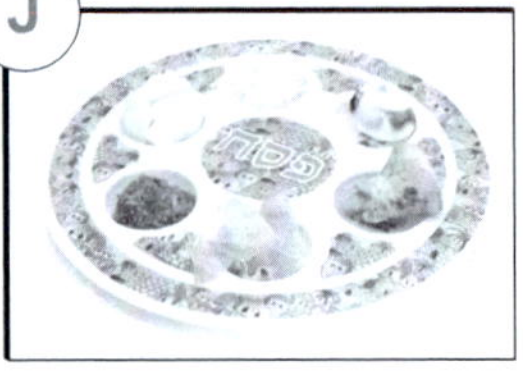

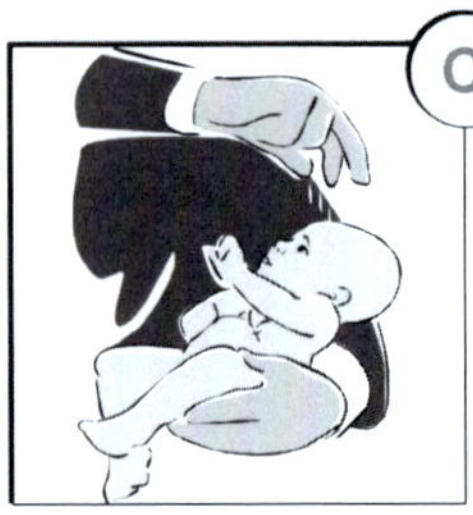

KOHL VERLAG Stationenlernen Weltreligionen Klasse 5-7 ■ Bestell-Nr. 11 530

Islam

Allgemeines zum Islam

Der Islam ist nach dem Christentum die zweitgrößte Weltreligion. Islam kommt aus dem Arabischen und bedeutet sowohl völlige Unterwerfung, als auch „Frieden mit Allah, den Mitmenschen und sich selbst."

Dem Islam gehören ungefähr 1,2 Milliarden Menschen an. Man findet sie hauptsächlich in den Ländern des Nahen Ostens, wie dem Iran, der Türkei, dem Irak oder Pakistan, aber auch in Nordafrika und Südostasien.

Die Anhänger des Islams nennt man Muslime (weibl. Muslima) oder Moslems. Sie glauben an „Allah", den Schöpfer aller Dinge. Der Islam gründet sich auf den Propheten Mohammed, der nach dem muslimischen Glauben die Offenbarung durch den Engel Gabriel empfing und sie zu den Menschen brachte. Das heilige Buch der Muslime ist der Koran (Qur'an).

Aufgabe 1: *Was bedeutet das Wort „Islam"?*

Aufgabe 2: *An wen glauben die Muslime?*

Aufgabe 3: *Wie heißt der Prophet, auf den sich er Islam gründet? Wieso ist er so wichtig?*

KOHL VERLAG
Stationenlernen Weltreligionen
Klasse 5-7 – Bestell-Nr. 11 530

!

Islam

Bedeutung

Das Wort „Muslim" kommt aus dem Arabischen. Es bedeutet „der sich (Gott) Unterwerfende" oder „sich (Gott) Hingebende". Es gibt die männliche Form: Muslim, die für Männer und Jungen gilt und die weibliche Form Muslima, die für Frauen und Mädchen verwendet wird. Man wird zu einem Muslim, indem man das Glaubensbekenntnis spricht. Es gibt unterschiedliche Auslegungen des Glaubens. Die größte Gemeinschaft ist die der Sunniten, die kleinere Gruppe sind die Schiiten. Der Islam spaltete sich direkt nach dem Tod des Propheten Mohammed, denn die Menschen konnten sich nicht über dessen Nachfolge einigen. Nach den Sunniten waren die Kalifen die wahren Nachfolger, nach den Schiiten waren es die Imame.wie auch katholischen Kirche ein Sakrament.

Aufgabe 1: *Wie wird man zum Muslim?*

Aufgabe 2: *Weshalb gibt es die beiden Glaubensrichtungen im Islam? Was ist ihr Streitpunkt?*

Aufgabe 3: *Was bedeutet das Wort „Muslim"?*

Aufgabe 4: *Informiere dich über Kalifen und Imame. Was sind ihre Ämter und Aufgaben?*

KOHL VERLAG
Stationenlernen Weltreligionen
Klasse 5-7 – Bestell-Nr. 11 530

Allgemeines zum Islam

Islam

Lösungen

Aufgabe 1: *Unter dem Wort „Islam" versteht man die völlige Unterwerfung, aber auch den „Frieden mit Allah, den Mitmenschen und sich selbst"*

Aufgabe 2: *Die Muslime glauben an „Allah", den Schöpfer aller Dinge.*

Aufgabe 3: *Der Prophet heißt Mohammed. Er ist so wichtig, weil er die Offenbarung Gottes empfangen hat, auf die sich der Islam gründet.*

Stationenlernen Weltreligionen
Klasse 5-7 – Bestell-Nr. 11 530
KOHL VERLAG

Bedeutung

!

Islam

Lösungen

Aufgabe 1: *Durch das Sprechen des Glaubensbekenntnisses wird man zum Muslim.*

Aufgabe 2: *Der Islam spaltete sich direkt nach dem Tod Mohammeds. Der Streitpunkt war seine Nachfolge. Die Sunniten wollten, dass die Kalifen den Islam anführten, die Schiiten wollten, dass diese Aufgabe den Imamen überlassen wurde.*

Aufgabe 3: *Das Wort „Muslim" bedeutet „der sich (Gott) Unterwerfende" oder „sich (Gott) Hingebende".*

Aufgabe 4: *<u>Mögliche Lösungen:</u>*

***Kalif**: kommt aus dem Arabischen chalifa und bedeutet Nachfolger oder Stellvertreter. Er soll ein politisch-religiöser Führer sein.*

***Imam:** arabischer Begriff. Es gibt keine eindeutige Bedeutung des Imams. Im Koran wird er als Anführer verstanden, in der Staatstheorie des islamischen Volkes wird er als Oberhaupt im religiösen-politischen Sinne gesehen. Er sei der Nachfolger Mohammeds. Außerdem wird der Titel ebenso als Ehrentitel für besondere Muslime verwendet. Daneben wird auch der Vorbeter Imam genannt.*

Stationenlernen Weltreligionen
Klasse 5-7 – Bestell-Nr. 11 530
KOHL VERLAG

Islam

Allah

!

Im Arabischen bedeutet „Allah" „Gott". Die Muslime glauben, dass Allah der einzig wahre Gott ist, der die Welt erschaffen hat. Sie beginnen ihre Gebete meist mit den Worten „Allahu akbar", was soviel bedeutet wie „Gott ist größer". Im Koran, dem heiligen Buch der Muslime, stehen die 99 schönsten Namen Allahs. 99 ist auch die Anzahl der Eigenschaften Allahs, so steht jeder Name für eine der Eigenschaften. Um einige Beispiele zu nennen: „Barmherziger", „Gnädiger" oder „Allmächtiger". Der hundertste Name Allahs ist in den muslimischen Augen unaussprechbar und den Menschen auch nicht bekannt. Die Gebetskette dient den Menschen dazu, die 99 Namen Allahs zu nennen.

Aufgabe 1: *Wie viele Namen gibt es im Koran für „Allah"? Für was stehen die Namen?*

Aufgabe 2: *Recherchiere und finde die Namen Allahs heraus.*

Aufgabe 3: *Zeichne eine Gebetskette mit der passenden Anzahl an Perlen.*

Aufgabe 4: *Finde heraus, warum die Muslime die Formel „Allahuakbar" zu Beginn ihrer Gebete verwenden.*

Stationenlernen Weltreligionen
Klasse 5-7 – Bestell-Nr. 11 530

Islam

Der Prophet Mohammed

!

Abul Kasim Muhammad Ibn Abdallah ist uns heute besser bekannt unter dem Namen Mohammed. Er ist der Begründer des Islams. Er wurde in Mekka, einer wichtigen Stadt im Islam, geboren und wuchs bei seinem Onkel auf. Er half beim Schafe hüten und auf Reisen. Auf einer solchen traf er eine reiche Frau, die ihn ausbildete und ihn in ferne Länder mitnahm. Dort lernte Mohammed das Christentum und das Judentum kennen. Er betete häufig, dafür zog er sich jährlich für einen Monat in die Berge zurück. In einer Nacht erschien ihm ein Engel. Es war auf dem Berg Hira und der Engel Gabriel. Dieser übertrug Mohammed folgenden Auftrag Gottes: „Geh zu den Menschen und erzähle ihnen von Allah, dem einzigen Gott. Ermahne sie, nicht mehr zu betrügen. Die Armen dürfen nicht vergessen werden, um sie sollen sich die Menschen kümmern." Von nun an zog Mohammed los und verbreitete die Botschaft. Der Glaube wurde immer verbreiteter.

Aufgabe 1: *Wie hieß Mohammed mit vollständigem Namen? Schreibe den Namen in Schönschrift in dein Heft.*

Aufgabe 2: *Notiere den Lebensweg Mohammeds kurz in deinem Heft.*

Aufgabe 3: *Welche Botschaft hat Mohammed von dem Engel erhalten?*

Aufgabe 4: *Informiere dich über Mekka und den Berg Hira.*

Stationenlernen Weltreligionen
Klasse 5-7 – Bestell-Nr. 11 530

KOHL VERLAG

Allah

!

Islam

Lösungen

<u>Aufgabe 1</u>: *Im Koran werden 99 Namen für Allah genannt. Jeder Name steht für eine besondere Eigenschaft Allahs.*

<u>Aufgabe 2</u>: *Individuelle Lösungen.*

<u>Aufgabe 3</u>:

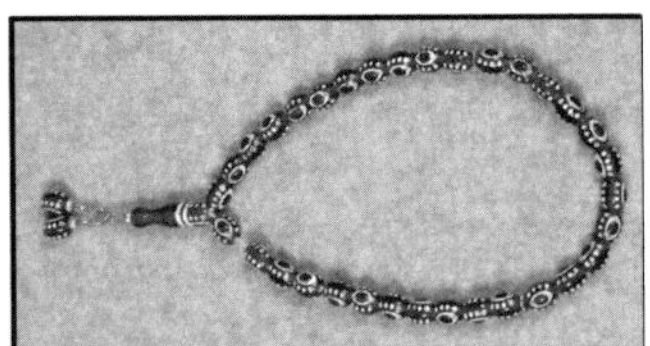

<u>Aufgabe 4</u>: *<u>Mögliche Lösungen:</u>*

- *Es gehört als Teil des Gebetes zu ihrer religiösen Pflicht.*
- *Der Prophet Mohammed soll es bei einer Beerdigung mehrfach gerufen haben.*
- *Es leitet auch den Ruf zum Gebet ein.*

Stationenlernen Weltreligionen

Der Prophet Mohammed

!

Islam

Lösungen

<u>Aufgabe 1</u>: *Mohammed hieß mit vollständigem Namen: Abul Kasim Muhammad Ibn Abdallah. Individuell darstellbar.*

<u>Aufgabe 2</u>: *Mohammed wuchs nach seiner Geburt in Mekka bei seinem Onkel auf. Er lernte auf einer Reise eine reiche Frau kennen, die ihn ausbildete und mit in ferne Länder nahm. Dort lernte er die Religionen Judentum und Christentum kennen. Ein Mal im Jahr ging Mohammed zum Beten in die Berge. Dort erschien ihm eines Tages der Engel Gabriel, der ihm einen Auftrag Gottes überbrachte. Mohammed ging in die Welt und erzählte von Allah.*

<u>Aufgabe 3</u>: *Der Engel Gabriel überbrachte Mohammed die Botschaft: „Geh zu den Menschen und erzähle ihnen von Allah, dem einzigen Gott. Ermahne sie, nicht mehr zu betrügen. Die Armen dürfen nicht vergessen werden, um sie sollen sich die Menschen kümmern.“*

<u>Aufgabe 4</u>: *<u>Mögliche Lösungen:</u>*

Mekka ist die heilige Stadt des Islam. Sie liegt in Saudi-Arabien und hat ca. 1,5 Mio. Einwohner. In Mekka steht die Kaaba, das Heiligtum der Muslime.
Hira ist ein Berg, kurz vor Mekka. Auch die Höhle, in der Mohammed sich zum Beten zurückzog heißt Hira.

Stationenlernen Weltreligionen

Islam

Der Koran

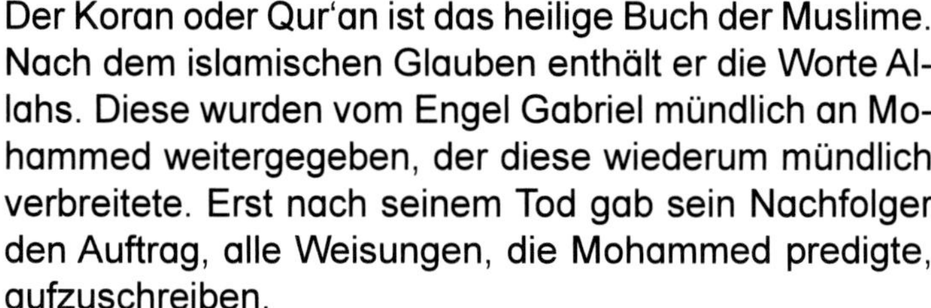

Der Koran oder Qur'an ist das heilige Buch der Muslime. Nach dem islamischen Glauben enthält er die Worte Allahs. Diese wurden vom Engel Gabriel mündlich an Mohammed weitergegeben, der diese wiederum mündlich verbreitete. Erst nach seinem Tod gab sein Nachfolger den Auftrag, alle Weisungen, die Mohammed predigte, aufzuschreiben.

Der Koran besteht aus 114 Kapiteln, die Suren genannt werden. Diese sind ihrer Länge nach geordnet und in Versen geschrieben. Die Eröffnungssure, die „Fatiha" ist die 1. Sure. Der Koran ist in arabischer Schrift verfasst worden. Auch wenn es den Koran in allen Sprachen gibt, lernen die muslimischen Kinder den Koran auf arabisch zu lesen, dazu besuchen sie die Koranschule.

Der Koran enthält Geschichten von der Schöpfung der Welt und von den Propheten. Aber auch Regeln werden in ihm behandelt.

Aufgabe 1: *Wann wurde der Koran geschrieben?*

Aufgabe 2: *Was sind Suren? Wie viele davon gibt es im Koran?*

Aufgabe 3: *Wozu besuchen die Kinder die Koranschule?*

Aufgabe 4: *Kreuze an: Was enthält der Koran?*

- ☐ *Regeln*
- ☐ *Geschichten zu Mohammeds Leben*
- ☐ *Geschichten zur Erschaffung der Welt*

Islam

Die Moschee

Das Glaubenshaus der Muslime nennt man Moschee. Dies bedeutet „Der Ort, wo man sich niederwirft". Hier beten die Muslime gemeinsam und auch der Unterricht der Koranschule findet hier statt.
Zu einer Moschee gehört ein Turm, das Minarett, von dem der Muezzin (Gebetsrufer) zum Gebet aufruft. Im Inneren der Moschee ist der Gebetsraum der wichtigste Raum. Hier wird das Gebet vom Imam geleitet. Die Böden der Moschee sind mit Gebetsteppichen ausgelegt. Gebetet wird in Richtung Mekka. Männer und Frauen beten getrennt voneinander. In jeder Moschee findet sich auch eine Gebetsnische, die Mihrab, die den Muslimen die Richtung nach Mekka zeigt und vor der der Imam steht. Außerdem ist die Kanzel, die Minbar, wichtig. Von hier spricht der Imam die Freitagspredigt. Die Minbar befindet sich neben der Mihrab. Man muss mindestens drei Stufen hinaufgehen.
Das Podium, auch Dikka genannt, steht häufig im Zentrum des Gebetsraumes und dient dazu, dass die Gläubigen alle gut hören können. Die Wände der Moschee sind meist mit arabischen Schriftzügen verziert. Manchmal findet sich auch ein Muster darunter.
Die Kleidervorschriften in der Moschee sind strenger als im Christentum. Die Muslime müssen die Schuhe ausziehen und mit dem rechten Fuß den Gebetsraum betreten und mit dem linken Fuß verlassen sie diesen. Die Frauen müssen ihr Haar bedecken. Vor dem Gebet reinigen sich die Muslime, indem sie sich das Gesicht, die Hände und Unterarme und die Füße waschen.

Aufgabe 1: *Versuche ein Bild einer Moschee zu malen. Du kannst dir auch Tipps aus dem Internet holen.*

Stationenlernen Weltreligionen
Klasse 5-7 – Bestell-Nr. 11 530

Der Koran

Lösungen

Aufgabe 1: *Der Koran wurde zunächst mündlich verbreitet und erst nach dem Tod des Propheten Mohammeds aufgeschrieben.*

Aufgabe 2: *Die Suren stellen die Kapitel des Koran dar. Es gibt 114 Suren. Die erste Sure wird „Fatiha“ genannt.*

Aufgabe 3: *Die Kinder besuchen die Koranschule, um den Koran auf Arabisch lesen zu lernen.*

Aufgabe 4:
- x *Regeln*
- ☐ *Geschichten zu Mohammeds Leben*
- x *Geschichten zur Erschaffung der Welt*

Stationenlernen Weltreligionen

Islam

Die Moschee

Lösungen

Aufgabe 1: *Mögliche Lösung:*

Stationenlernen Weltreligionen

Die fünf Säulen des Islam

Der Mittelpunkt des islamischen Glaubens sind die „Fünf Säulen des Islams“. Diese bilden die Grundlage des Islams, indem sie die Pflichten der Muslime bilden. Diese fünf Säulen sind:

- das Glaubensbekenntnis
- das Gebet
- das Fasten
- die Armensteuer
- die Pilgerfahrt

Aufgabe 1: *Zeichne ein Haus mit fünf Säulen. Schreibe in jede Säule eine der „Fünf Säulen des Islams“.*

Stationenlernen Weltreligionen
Klasse 5-7 – Bestell-Nr. 11 530
KOHL VERLAG

Erste und zweite Säule

!

Das Glaubensbekenntnis: Schahada

„Ich bezeuge, dass es keine Gottheit außer Gott gibt und dass Mohammed der Gesandte Gottes ist.“ Dies ist die erste Säule. Wenn man diese Worte mit Überzeugung spricht, ist man Muslim. Diese Worte werden neugeborenen Muslimen als erstes ins Ohr geflüstert und sind die letzten Worte der Sterbenden.

Das Pflichtgebet: Salat

Fünf Mal am Tag soll ein Muslim beten, das ist die zweite Säule. Diese Gebete sollen zu festgelegten Zeiten und immer in Richtung Mekka erfolgen. Nur freitags muss der Muslim in der Moschee beten, ansonsten ist es ihm überlassen, wo er dieser Pflicht nachkommt. Meist haben die Muslime ihren Gebetsteppich dabei. Das Gebet der Muslime enthält bestimmte Abläufe und Worte.

Aufgabe 1: *Fasse die beiden Säulen kurz zusammen.*

Aufgabe 2: *Wann wird das Glaubensbekenntnis gesprochen? Was macht es mit einem Menschen?*

Aufgabe 3: *Wie oft muss ein Muslim am Tag beten?*

Aufgabe 4: *Informiert euch über den Ablauf des Gebetes.*

Stationenlernen Weltreligionen
Klasse 5-7 – Bestell-Nr. 11 530
KOHL VERLAG

Die fünf Säulen des Islam

Aufgabe 1: *Mögliche Lösung:*

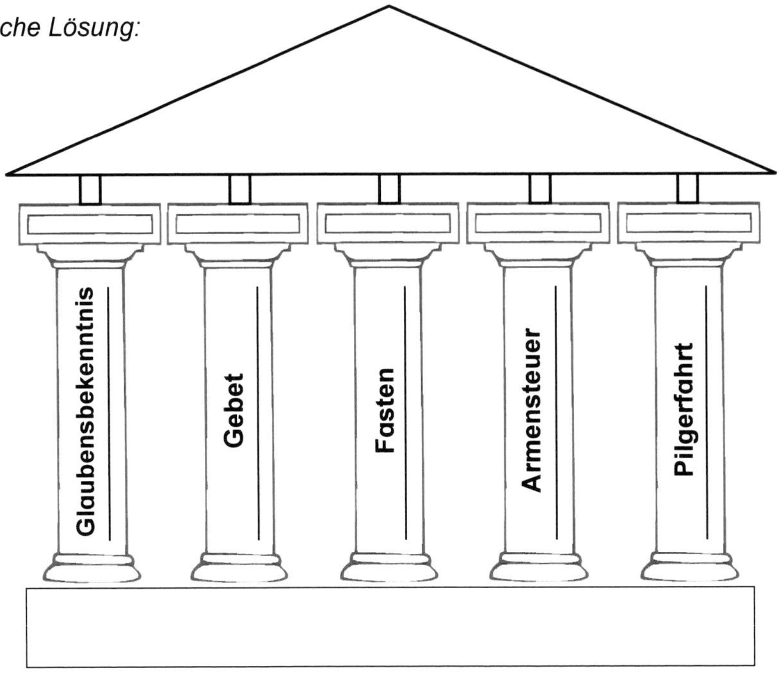

Stationenlernen Weltreligionen Klasse 5-7 – Bestell-Nr. 11 530
KOHL VERLAG

Islam

Lösungen

Erste und zweite Säule

Aufgabe 1: ***1. Säule:*** *Glaubensbekenntnis: Es wird den Neugeborenen ins Ohr geflüstert und von den Sterbenden aufgesagt. Durch das überzeugte Aufsagen des Glaubensbekenntnisses wird man zum Muslim.*
2. Säule: *Pflichtgebet: Die Muslime sollen am Tag fünfmal beten, jeweils zu bestimmten Zeiten, in Richtung Mekka und nach einer besonderen Abfolge.*

Aufgabe 2: *Das Glaubensbekenntnis wird nach der Geburt eines Muslims gesprochen, beim Sterben eines Muslims und wenn man dem Islam beitreten möchte.*

Aufgabe 3: *Ein Muslim muss fünf Mal beten. Wo er es tut ist ihm überlassen. Nur freitags muss er in der Moschee beten.*

Aufgabe 4: *Mögliche Lösungen:*
Da alle Gebetstexte mit Körperhaltungen verbunden werden, entstehen Gebetsabschnitte. Es gibt sieben Körperhaltungen, die man sich merken muss.

Stationenlernen Weltreligionen Klasse 5-7 – Bestell-Nr. 11 530
KOHL VERLAG

Dritte und vierte Säule

!

Islam

Die Armensteuer: Zakat

„Die Armen dürfen nicht vergessen werden, um sie sollen sich die Menschen kümmern.“ Die Zakat ist im Koran stark verankert. Hier soll zuerst die Familie bedacht werden. In einigen islamischen Ländern zieht der Staat die Armensteuer von allen ein. Ein Muslim soll 1/40 seines Einkommens an Arme geben. Von vielen wird diese Steuer im Ramadan entrichtet.

Das Fasten im Ramadan: Saum

Der Ramadan ist der Fastenmonat im Islam. Die Muslime fasten von Sonnenauf- bis Sonnenuntergang. Erst, wenn die Sonne verschwunden ist, dürfen die Muslime das Fasten unterbrechen. Es soll den Menschen zeigen, dass es nicht selbstverständlich ist, dass genug Essen und Trinken vorhanden ist. Der Ramadan endet mit dem „Zuckerfest“, dem Fest des Fastenbrechens, das drei Tage dauert. Kinder bekommen Geschenke.

Aufgabe 1: *Fasse die beiden Säulen kurz zusammen.*

Aufgabe 2: *Warum sollen sich die Muslime um die Armen kümmern? Wie wird dies geleistet?*

Aufgabe 3: *Was ist der Ramadan? Wozu dient er?*

Aufgabe 4: *Informiere dich über das „Zuckerfest“.*

Stationenlernen Weltreligionen
Klasse 5-7 – Bestell-Nr. 11 530
KOHL VERLAG

Fünfte Säule

Islam

Die Pilgerfahrt nach Mekka: Hadsch

Jeder Muslim sollte ein Mal in seinem Leben nach Mekka pilgern. Das ist die Geburtsstadt Mohammeds. In Mekka steht die „Kaaba“, das größte Heiligtum im Islam. Das ist ein Gebäude aus Stein, das unter einem schwarzen Vorhang versteckt ist, der mit Koranversen bestickt wurde. Die Legende besagt, dass Abraham und Ismael, die beiden wichtigen Propheten des Islams, die Kaaba entdeckt und erbaut haben. In der „Kaaba“ soll ein Meteorit, den der Engel Gabriel Abraham schenkte, aufbewahrt sein. Die Kaaba muss sieben Mal umrundet werden. Zu Beginn der Hadsch hüllen sich die Muslime in weiße Tücher, sie dürfen sich auf der Hadsch nicht rasieren, kämmen oder Haare oder Nägel schneiden.

Aufgabe 1: *Fasse die letzte Säule kurz zusammen.*

Aufgabe 2: *Was ist die „Kaaba?“ Warum ist sie das heiligste Bauwerk der Muslime?*

Stationenlernen Weltreligionen
Klasse 5-7 – Bestell-Nr. 11 530
KOHL VERLAG

Dritte und vierte Säule

!

Islam

Lösungen

Aufgabe 1: ***3. Säule:*** *Armensteuer: Die Menschen sollen sich um die Armen kümmern, indem sie 1/40 ihres Einkommens abgeben.*
4. Säule: *Fasten im Ramadan: Jedes Jahr muss ein Muslim einen Monat lang fasten.*

Aufgabe 2: *Allah hat Mohammed den Auftrag über den Engel Gabriel aufgetragen, dass man sich um die Armen kümmern soll.*

Aufgabe 3: *Der Ramadan ist der Fastenmonat im muslimischen Jahr. Die Menschen sollen von Sonnenauf- bis Sonnenuntergang fasten. Er dient dazu, dass die Menschen erkennen, dass es nicht selbstverständlich ist, dass sie ausreichend Essen und Trinken haben.*

Aufgabe 4: *Mögliche Antwort: Das Zuckerfest heißt nur in der Türkei so, ansonsten wird es auch Ramadan-Fest genannt. Auf Arabisch heißt es Fitr-Fest. Man feiert es am Ende des Fastenmonats Ramadan. Die Menschen starten mit einem Gebet in den Tag, haben zuvor das Haus geputzt und wenn möglich eine rituelle Vollkörperreinigung vollzogen. Man besucht Verwandte, Freunde und die Gräber der Verstorbenen.*

Stationenlernen Weltreligionen
Klasse 5-7 – Bestell-Nr. 11 530
KOHL VERLAG

Fünfte Säule

Islam

Lösungen

Aufgabe 1: ***5. Säule:*** *Pilgerfahrt: Ein Mal im Leben sollte ein Muslim nach Mekka pilgern, wo er die „Kaaba“ sieben Mal umrunden muss.*

Aufgabe 2: *Die „Kaaba“ ist das Heiligtum des Islams. Sie ist ein Gebäude, das der Legende nach von Abraham und Ismael entdeckt und erbaut wurde. In ihr ist ein Meteorit aufgehoben, den Abraham vom Engel Gabriel erhalten hat. Die „Kaaba“ ist ein würfelförmiges Gebäude, das mit einem schwarzen Vorhang bedeckt ist.*

Stationenlernen Weltreligionen
Klasse 5-7 – Bestell-Nr. 11 530
KOHL VERLAG

Der islamische Kalender

Islam

Der islamische Kalender begann am 1. Muharram 1 AH („Muharram“ ist der erste Monat im islamischen Kalender, „AH“ steht für „Anno Hegirae“). Das ist nach christlicher Zeitrechnung der 16. Juli 622. Ausgangspunkt dieser Zeitrechnung ist das Jahr der Flucht Mohammeds von Mekka nach Medina, der Hedschra.

Die Einteilung des Kalenders richtet sich nicht nach der Sonne, sondern nach dem Mond und seinen Phasen. Es gibt zwölf Monate, die abwechselnd entweder 29 oder 30 Tage haben. Das bedeutet, dass das islamische Jahr nur 354 Tage hat, also etwa 11 Tage weniger als das christliche Jahr. Daher können die islamischen Feiertage und der Fastenmonat Ramadan in jeder Jahreszeit liegen. Fällt die Fastenzeit in einem Jahr in den Frühling, so findet er etwa acht Jahre später im Winter statt.
Daher wird dieser Kalender heute zumeist nur noch im religiösen Umfeld verwendet. In der Wirtschaft, z. B. in der Landwirtschaft, und im Alltag gilt auch seit dem frühen 20. Jahrhundert in fast allen islamischen Ländern der gregorianische Kalender.

Aufgabe 1: *Wann begann nach christlicher Zeitrechnung der islamische Kalender?*

Aufgabe 2: *Wonach richtet sich der islamische Kalender?*

Aufgabe 3: *Wo wird der islamische Kalender heute noch angewendet? Wo nicht?*

Aufgabe 4: *Finde heraus, in welchem Jahr nach islamischer Zeitrechnung du geboren wurdest? (Tipp: Der 1.1.2000 n. Chr. war nach islamischem Kalender der 24.9.1420.)*

Stationenlernen Weltreligionen
Klasse 5-7 – Bestell-Nr. 11 530
KOHL VERLAG

Feste im Islam / Teil 1

Islam

Das Opferfest

Das höchste islamische Fest ist das Opferfest. Dieses Fest dauert vier Tage. Die Muslime erinnern sich bei diesem Fest an das große Opfer, das Abraham Gott bringen wollte, indem er seinen Sohn Ismael opfern wollte. Streng gläubige Muslime opfern heute noch ein Tier. Ein Teil wird an die Armen ausgeteilt. Am Morgen wird die Moschee besucht um ein gemeinsames Festtagsgebet zu sprechen. Danach gehen die Muslime häufig auf den Friedhof, um die Verstorbenen zu besuchen um ihrer zu gedenken. Anschließend stehen Besuche bei Verwandten und Bekannten an. Gemeinsam wird gut gegessen und gefeiert. Man schenkt sich gegenseitig etwas, vergisst aber die Armen auch nicht.

Aufgabe 1: *Informiere dich über die Geschichte Abrahams. Vergleiche diese im Koran und in der Bibel.*

Aufgabe 2: *Warum geht ein Teil des geopferten Tieres noch heute an die Armen?*

Aufgabe 3: *Informiere dich genauer über das Opferfest.*

Stationenlernen Weltreligionen
Klasse 5-7 – Bestell-Nr. 11 530
KOHL VERLAG

Der islamische Kalender

Islam

Lösungen

Aufgabe 1: *Der islamische Kalender begann am 16. Juli 622, im Jahr der Flucht Mohammeds von Mekka nach Medina.*

Aufgabe 2: *Der islamische Kalender richtet sich nach den Mondphasen.*

Aufgabe 3: *Der islamische Kalender wird heute zumeist nur noch im religiösen Umfeld verwendet, in der Wirtschaft und im Alltag fast nicht mehr.*

Aufgabe 4: *Individuelle Lösungen. (Zur Orientierung: 1.1.2005 – 20.11.1425; 1.1.2010 – 15.1.1431; 1.1.2015 – 10.3.1436)*

Stationenlernen Weltreligionen

Feste im Islam / Teil 1

Islam

Lösungen

Aufgabe 1: ***Islam:*** *Sohn Abrahams ist Ismael, er soll geopfert werden, damit Gott den Gehorsam Abrahams überprüfen kann.*
Christentum: *Sohn Abrahams ist Isaak, er soll geopfert werden, damit Gott den Gehorsam Abrahams überprüfen kann.*

Aufgabe 2: *Man gibt den Armen etwas ab, da dies eine der fünf Säulen des Islam ist, denn die Muslime sollen sich auch um die Armen kümmern, so hat es ihnen Mohammed aufgetragen.*

Aufgabe 3: *Individuelle Lösungen.*
Mögliche Lösungen: Das Opferfest wird am 10. Dhil-Hidscha gefeiert und bildet den Höhepunkt der Riten zur Pilgerfahrt. Der Tag startet, wie beim „Zuckerfest“ mit einem Festgebet, welches nicht verpflichtend ist. Anschließend findet der Besuch in der Moschee, sowie auf dem Friedhof statt.

Stationenlernen Weltreligionen

Feste im Islam / Teil 2

!

Islam

Muslimische Hochzeit

Einen Monat vor dem geplanten Hochzeitsdatum wird die standesamtliche Eheurkunde der muslimischen Autoritätsperson übergeben, die die Trauung vornehmen soll, zum Beispiel dem Imam (Vorbeter in der Moschee) oder dem Kadi (islamischer Richter). Die muslimische Hochzeit ist häufig eine Mischung aus Religion und örtlichen Traditionen.

Nach dem Standesamt findet die muslimische Hochzeit entweder bei den Brauteltern, in einem reservierten Hochzeitssaal oder in der Moschee statt. Die Eheleute geben sich vor dem Imam im Beisein von zwei Trauzeugen das Ja-Wort. Der Imam fragt den Vormund der Braut, ob er die hier anwesende Frau dem hier anwesenden Mann übergibt und stellt dem zukünftigen Ehemann noch einmal direkt dieselbe Frage. Sobald beide das Einverständnis zur Ehe gegeben haben, folgen Anrufungen an Allah zugunsten der Vermählten.

Aufgabe 1: *Beschreibe den Ablauf einer muslimischen Hochzeit.*

Aufgabe 2: *Wer kann eine Trauung vollziehen?*

Aufgabe 3: *Wer ist beim Ja-Wort beteiligt?*

Stationenlernen Weltreligionen
Klasse 5-7 – Bestell-Nr. 11 530
KOHL VERLAG

Feste im Islam / Teil 3

Islam

Die muslimische Beschneidung

Die Beschneidung des männlichen Geschlechtsteils, die Entfernung der Vorhaut ist für die muslimischen Männer Pflicht und wird in der Regel bei muslimischen Jungen schon frühzeitig - oft als Baby - von den Eltern veranlasst. Bei später konvertierten Muslimen kann dies durch einen einfachen Eingriff mit örtlicher Betäubung nachgeholt werden. Die Beschneidung ist Voraussetzung für die Gültigkeit des Umkreisens der Kaaba während der Pilgerfahrt. Das Kostüm, das die Kinder nach der Beschneidung und während der Beschneidungsfeier tragen, ist ein wichtiger Bestandteil des Brauchs. Heutzutage gibt es sehr viele verschiedene Modelle in unterschiedlichen Ausführungen, Farben und Stoffen. Die Kostüme haben meistens die Farbe weiß. Die Farbe weiß symbolisiert die Reinheit, die im Islam sehr wichtig ist. Man kann das Beschneidungsfest mit der Größe einer traditionellen türkischen Hochzeit vergleichen. Als Anerkennung und Dank für die tapfere Tat wird der beschnittene Junge von den Eltern, Großeltern, den engsten Verwandten reichlich beschenkt.

Aufgabe 1: *Wofür ist die Beschneidung Voraussetzung?*

Aufgabe 2: *Informiere dich weiter über die Beschneidung.*

Stationenlernen Weltreligionen
Klasse 5-7 – Bestell-Nr. 11 530

Feste im Islam / Teil 2

!

Islam

Lösungen

Aufgabe 1: *Eine muslimische Hochzeit beginnt bereits einen Monat vor der eigentlichen Eheschließung. Das Brautpaar muss dem Imam oder Kadi die Eheurkunde überreichen. Am Tag der Hochzeit wird zunächst auf dem Standesamt geheiratet, ehe man sich zur religiösen Zeremonie einfindet. Dabei gibt sich das Brautpaar in Anwesenheit zweier Trauzeugen das Ja-Wort. Nun wird Allah zugunsten der Eheleute angerufen. Anschließend wird eine große Feier abgehalten.*

Aufgabe 2: *Die Trauung kann vom Imam, dem Vorbeter, oder einem muslimischen Richter, dem Kadi, vollzogen werden.*

Aufgabe 3: *Beim Ja-Wort sind neben dem Brautpaar, zwei Trauzeugen und der Vormund der Braut und die muslimische Autoritätsperson anwesend.*

Stationenlernen Weltreligionen

Feste im Islam / Teil 3

Islam

Lösungen

Aufgabe 1: *Die Beschneidung ist die Voraussetzung für die Umrundung der Kaaba während der Pilgerfahrt.*

Aufgabe 2: *Individuelle Lösungen.*

Mögliche Ideen:

Beschneidung bei Jungen: Vorbild ist der Prophet, man sagt auch, dass ein Junge, der ohne Vorhaut zur Welt kommt, sei ein Prophet. Die Beschneidung bei Jungen bietet medizinisch keine Nachteile, eher Vorteile, wie zum Beispiel die verbesserte Hygiene und das verringerte Risiko, Krankheiten zu übertragen oder zu empfangen.

Es gibt auch die Beschneidung bei Frauen. Doch diese geht nicht auf den Islam zurück. Jedoch wird sie in einigen Auslegungen des Korans gefordert. Doch sie wird kontrovers diskutiert, da sie, anders als bei der Beschneidung der Jungen, keine medizinischen Vorteile bringt, sondern eine ganze Reihe von Nachteilen mit sich bringt.

Stationenlernen Weltreligionen

Judentum – Christentum – Islam

Allgemeines zu Judentum, Christentum und Islam

<u>Aufgabe 1</u>: *Diskutiert darüber, was ihr bereits über die drei Religionen wisst. Was ist jeweils ähnlich und wo erkennt ihr Unterschiede?*

Stationenlernen Weltreligionen
Klasse 5-7 – Bestell-Nr. 11 530

Judentum – Christentum – Islam

Wesentliche Unterschiede

<u>Aufgabe 1</u>: *Fülle aus.*

	Judentum	***Christentum***	***Islam***
Gott			
Prophet			
Heilige Schrift			
Hauptrichtungen			
Hauptsymbol			
Gebetshaus			

Stationenlernen Weltreligionen
Klasse 5-7 – Bestell-Nr. 11 530

Allgemeines zu Judentum, Christentum und Islam

	Judentum	Christentum	Islam
Gemeinsamkeiten	• *monotheistische Religion* • *Glaube an Gott* • *Konfessionen (Untergruppen)* • *Glaubensbekenntnis* • *Abraham als „Stammvater"*		
Unterschiede	• *strenge Essensvorschriften* • *selten strenge Kleidungs-vorschriften* • *viele Gebote und Pflichten* • *Jesus weder als Heilsbringer noch als Prophet* • *teilweise strenge religiöse Erziehung*	• *keine strengen Essens-vorschriften … oder Kleidungsvorschriften* • *wenige Gebote, kaum Pflichten* • *Jesus als Heilsbringer* • *selten strenge religiöse Erziehung*	• *strenge Essensvorschriften* • *strenge Kleidungsvor-schriften* • *viele Gebote und Pflichten* • *Jesus als Prophet* • *oft strenge religiöse Erziehung*

Stationenlernen Weltreligionen

Wesentliche Unterschiede

	Judentum	Christentum	Islam
Gott	*Jahwe (hebräischer Name für den einen Gott)*	*Gott (Dreifaltigkeit: Gott als Vater, Sohn und Heiliger Geist)*	*Allah (arabische Bezeichnung für den einen Gott)*
Prophet	*Moses*	*Jesus*	*Mohammed*
Heilige Schrift	*Tanach (Heilige Schrift der Juden)*	*Bibel (Altes und Neues Testament)*	*Koran*
Hauptrichtungen	*Konservative, Orthodoxe und Reformjuden*	*Protestanten, Katholiken, Orthodoxe*	*Schiiten, Sunniten*
Hauptsymbol	*Davidstern und Menora*	*Kreuz*	*Mondsichel und Stern*
Gebetshaus	*Synagoge*	*Kirche*	*Moschee*

Stationenlernen Weltreligionen

Judentum – Christentum – Islam

Heilige Schriften !

<u>Aufgabe 1</u>: *Welche Heilige Schrift gehört welcher Religion an?*

<u>Aufgabe 2</u>: *Suche dir einen Partner und erstelle zur jeweiligen Religion eine Mindmap.*

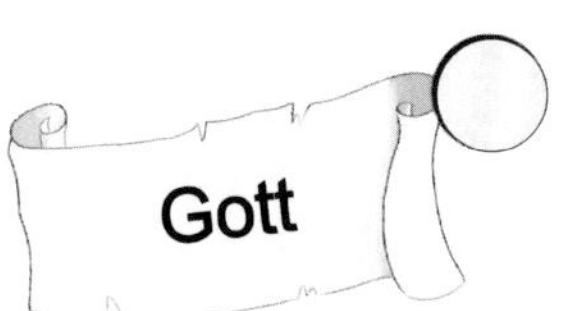

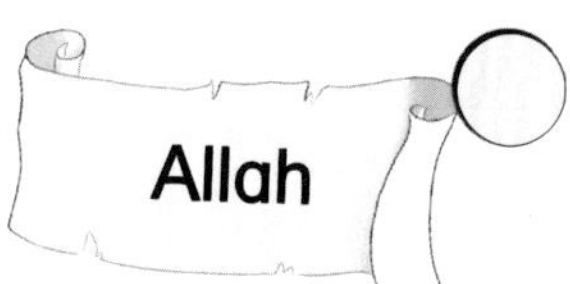

Stationenlernen Weltreligionen
Klasse 5-7 – Bestell-Nr. 11 530
KOHL VERLAG

Judentum – Christentum – Islam

Beten und feiern

<u>Aufgabe 1</u>: *Fülle aus.*

	Judentum	***Christentum***	***Islam***
Hauptgebetstag			
Gebetssprache			
Wichtigste Feiertage			

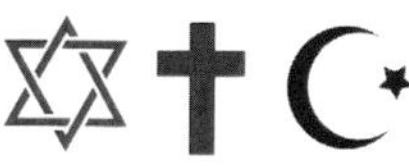

Stationenlernen Weltreligionen
Klasse 5-7 – Bestell-Nr. 11 530

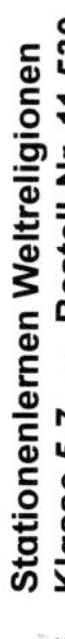

Heilige Schriften !

Judentum – Christentum – Islam

Lösungen

Aufgabe 1:

Aufgabe 2: *individuelle Lösungen.*

Stationenlernen Weltreligionen
Klasse 5-7 ■ Bestell-Nr. 11 530
KOHL VERLAG

Beten und feiern

Judentum – Christentum – Islam

Lösungen

	Judentum	***Christentum***	***Islam***
Hauptgebetstag	*Sabbat (Samstag): streng geregelter Ruhe- und Gebetstag*	*Sonntag: 1. Tag der Woche als Tag der Auferstehung Jesu*	*Freitag: Gemein-schaftsgebet mit Predigt*
Gebetssprache	*Hebräisch*	*die jeweilige Landessprache*	*Arabisch*
Wichtigste Feiertage	*- Rosh Ha Shana (Neujahr) - Sukkoth (Erntedankfest) - Chanukka (Lichterfest) - Pessach (Auszug aus Ägypten)*	*- Weihnachten (Geburtsfest Jesu) - Karfreitag (Kreuzi-gung Jesu Christi) - Ostern (Auferstehung) - Christi Himmelfahrt - Pfingsten (Entsendung des Heiligen Geistes)*	*- islamisches Neujahr - Opferfest - Mevlid (Geburtstag des Propheten Mohammed) - Ramadan (Fastenmonat) - Fastenbrechen (Zuckerfest)*

Stationenlernen Weltreligionen
Klasse 5-7 ■ Bestell-Nr. 11 530
KOHL VERLAG

Buddhismus

Allgemeines zum Buddhismus

Reich sein an Wahrheit, Fleiß, tugendhafter Beherrschung, dabei gute Worte führen, das bringt höchstes Heil.

Buddhistische Weisheit

Der Buddhismus ist eine Lehrtradition und Religion, die ihren Ursprung in Indien findet. Sie hat weltweit etwa 377 Mio. Anhänger und ist damit die viertgrößte Religion der Erde. Der Buddhismus ist eine Religion, deren Gründung auf den Buddha Siddhartha Gautama zurückgeht, der im 5. Jahrhundert vor Christus in Nordindien lebte. Die Anhänger des Buddhismus leben vor allem in China, Bhutan, Japan, Myanmar, Sri Lanka, Südkorea, Thailand, Tibet und Vietnam. Im Buddhismus gibt es keinen Gott. Jeder Mensch kann sich selbst erlösen, wenn er der Weisheit Buddhas folgt. Buddha sah sich ebenfalls nicht als Gott und auch nicht als Überbringer der Lehre eines Gottes. Er stellte klar, dass er durch eigene Meditation ein Verständnis der Natur, des eigenen Geistes und der Natur aller Dinge erkannt hatte. Kern der Lehre des Buddha sind die von ihm benannten Vier Edlen Wahrheiten.

Aufgabe 1: *Wie viele Anhänger hat der Buddhismus circa?*

Aufgabe 2: *Welche Theorie verfolgen die Anhänger des Buddhismus? An was glauben sie?*

Aufgabe 3: *Auf wen stützt sich die Religion?*

!

Buddhismus

Buddha

Aufgabe 1: *Das Bild links stellt „Buddha" dar. Wie ist er abgebildet? Beschreibe ihn.*

Aufgabe 2: *Wofür ist die Person im Buddhismus bekannt und wofür wird sie verehrt?*

Aufgabe 3: *Was fällt dir auf? Was befindet sich hinter seinem Kopf?*

Aufgabe 4: *Finde heraus, was das Wort „Buddha" bedeutet.*

Stationenlernen Weltreligionen
Klasse 5-7 – Bestell-Nr. 11 530

Buddhismus

Allgemeines zum Buddhismus

Lösungen

Aufgabe 1: *Er hat weltweit etwa 377 Mio. Anhänger und ist damit die viertgrößte Religion der Erde.*

Aufgabe 2: *Im Buddhismus gibt es keinen Gott. Jeder Mensch kann sich selbst erlösen, wenn er der Weisheit Buddhas folgt.*

Aufgabe 3: *Der Buddhismus ist eine Religion, deren Gründung auf den Buddha Siddhartha Gautama zurückgeht, der im 5. Jahrhundert vor Christus in Nordindien lebte.*

Stationenlernen Weltreligionen

Buddhismus

Buddha

Lösungen

Aufgabe 1: *Individuelle Lösungen.*

*(Das Bild zeigt die wichtigste Person im Buddhismus - Buddha.
Auf Darstellungen ist Buddha meditierend unter einem Baum sitzend zu sehen.
Durch den Heiligenschein hinter seinem Kopf geht seine erlangte Erleuchtung hervor.)*

Aufgabe 2: *Buddha sah sich ebenfalls nicht als Gott und auch nicht als Überbringer der Lehre eines Gottes. Er stellte klar, dass er durch eigene Meditation ein Verständnis der Natur des eigenen Geistes und der Natur aller Dinge erkannt hatte.
Kern der Lehre des Buddha sind die von ihm benannten Vier Edlen Wahrheiten.*

Aufgabe 3: *Hinter seinem Kopf befindet sich ein Heiligenschein.*

Aufgabe 4: *Das Wort „Buddha" bedeutet „Erleuchteter" oder „Erwachter".*

Stationenlernen Weltreligionen

Dharma – Die Lehre

Buddhismus

Dharma hat viele Bedeutungen. Dharma mit der Bedeutung „Lehre" bezeichnet vor allem die Lehre Buddhas. Grundlage des Dharma sind die Vier Edlen Wahrheiten. Das Dharma bildet außerdem eines der Drei Juwelen. Es ist auch Teil der 10 Betrachtungen, der buddhistischen Meditationsthemen. Auch der Achtfache Pfad und die Fünf Grundregeln gehören zur Lehre dazu. Unter Dharma versteht man allgemein auch den fehlerfreien Weg, den die erleuchteten Wesen gezeigt haben, und ebenso die Erkenntnisse, die durch die Anwendung dieses Weges erreicht werden. Indem man diese Erkenntnisse im Geist entwickelt, wird die Ursache von Leid beseitigt.

Aufgabe 1: *Schreibe die wichtigsten Punkte der Lehre Buddhas heraus.*

Stationenlernen Weltreligionen
Klasse 5-7 – Bestell-Nr. 11 530

Die Vier Edlen Wahrheiten

!

Buddhismus

Im Mittelpunkt der Predigten Buddhas stehen die **Vier Edlen Wahrheiten:**

1. **Dukkha:** Glück ist vergänglich, und das Leben ist Leiden.
2. **Samudaya:** Die Ursachen für das Leiden sind Gier, Hass und Verblendung. Das Leiden entsteht also, weil die Menschen immer mehr haben wollen, als sie besitzen, und nicht zufrieden sind, mit dem was sie haben.
3. **Nirodha:** Das Leiden hört auf, wenn die Menschen diese Ursachen überwinden.
4. **Magga:** Es gibt einen Weg zum Glück. Das ist der Achtfache Pfad.

Aufgabe 1: *Schreibe auf, was du unter den Vier Edlen Wahrheiten jeweils verstehst?*

Aufgabe 2: *Wo sehen die Wahrheiten die Ursache für das Leiden?*

Aufgabe 3: *Welchen Weg gibt es, der zum Glück führt?*

Stationenlernen Weltreligionen
Klasse 5-7 – Bestell-Nr. 11 530

Dharma – Die Lehre

Buddhismus

Lösungen

Aufgabe 1: *Individuelle Antworten.*

(Grundlage des Dharma (der „Lehre“) sind die Vier Edlen Wahrheiten... Auch der Achtfache Pfad und die Fünf Grundregeln gehören zur Lehre dazu. Unter Dharma versteht man allgemein auch den fehlerfreien Weg, den die erleuchteten Wesen gezeigt haben und ebenso die Erkenntnisse, die durch die Anwendung dieses Weges erreicht werden.)

Stationenlernen Weltreligionen

Die Vier Edlen Wahrheiten

Buddhismus

Lösungen

Aufgabe 1: *Individuelle Lösungen.*

Aufgabe 2: *Die Ursachen für das Leiden sind Gier, Hass und Verblendung. Das Leiden entsteht also, weil die Menschen immer mehr haben wollen als sie besitzen, und nicht zufrieden sind, mit dem was sie haben.*

Aufgabe 3: *Der Weg zum Glück ist der Achtfache Pfad.*

Stationenlernen Weltreligionen

Der Achtfache Pfad / Teil 1

Buddhismus

Der Achtfache Pfad soll den Menschen helfen, sich von der Gier nach unnützen Dingen zu befreien. Nur wer keine Wünsche mehr hat, kann das Glück finden und wird erleuchtet. Erst dann sind die Gedanken frei für das Mitgefühl für andere Menschen, Tiere und Pflanzen. Das ist für die Buddhisten die Voraussetzung, um das Nirvana (= Erlösung) zu erreichen. Der Achtfache Pfad stellt also den Weg zur Aufhebung allen Leids und damit zur Befreiung dar. Er ist die vierte der Vier Edlen Wahrheiten des Siddhartha Gautama. Die drei Hauptabschnitte Weisheit, Sittlichkeit und Vertiefung gelten als die Stufen des Pfades. Der Begriff „Pfad" ist nicht im Sinne eines Fortschreitens von Stufe zu Stufe gemeint. Alle Bereiche sind von gleicher Wichtigkeit und sollten daher von einem Buddhisten immer gleichzeitig geübt werden.

Aufgabe 1: *Welchem Zweck dient der Achtfache Pfad?*

Aufgabe 2: *Was kann ohne den Achtfachen Pfad nicht erreicht werden?*

Stationenlernen Weltreligionen
Klasse 5-7 – Bestell-Nr. 11 530

Der Achtfache Pfad / Teil 2

!

Buddhismus

Aufgabe 1: *Beschreibe den Weg des Achtfachen Pfads mit deinen eigenen Worten.*

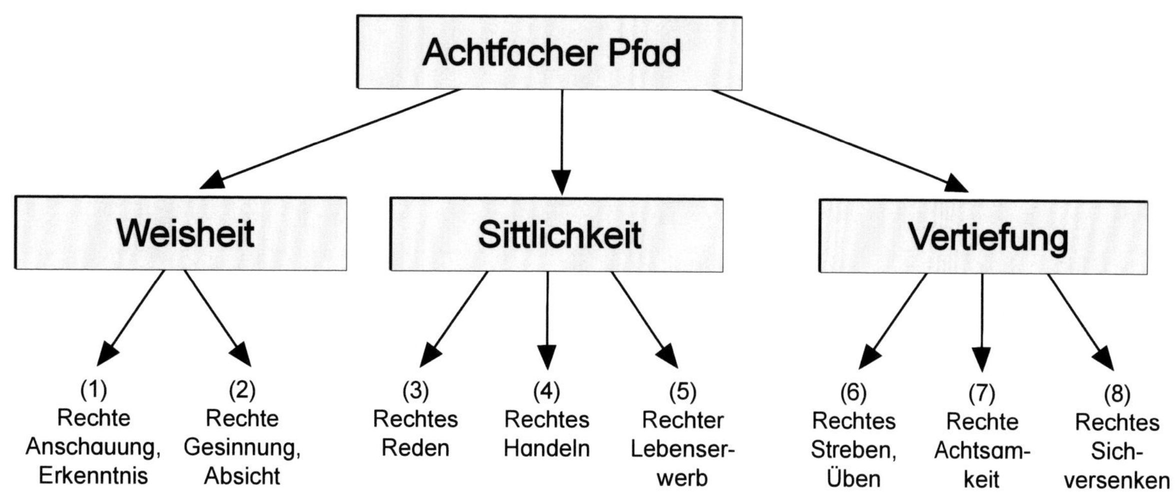

Stationenlernen Weltreligionen
Klasse 5-7 – Bestell-Nr. 11 530

Der Achtfache Pfad / Teil 1

Buddhismus

Lösungen

Aufgabe 1: *Der Achtfache Pfad soll den Menschen helfen, sich von der Gier nach unnützen Dingen zu befreien.*

Aufgabe 2: *Der Achtfache Pfad ist der Weg zur Befreiung ohne die das Nirvana, die Erlösung, nicht erreicht werden kann.*

Stationenlernen Weltreligionen

Der Achtfache Pfad / Teil 2

!

Buddhismus

Lösungen

Aufgabe 1: *Mögliche Lösungen:*

Es geht beim Achtfachen Pfad darum, in allen Lebensbereichen das Richtige zu tun. Dazu gehören z.B. die richtige Erkenntnis, das richtige Reden, das richtige Handeln und das richtige Üben.

Stationenlernen Weltreligionen

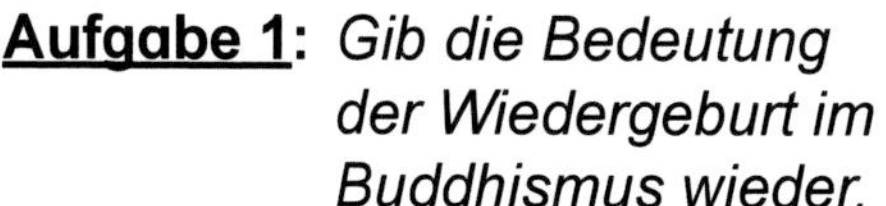

Wiedergeburt / Reinkarnation

! **Buddhismus**

Wiedergeburt und Karma waren Begriffe, die in der indischen Philosophie bereits vor Erscheinen des Buddha bekannt waren. Der Buddha widersprach diesen vedischen (von Veden) Konzepten grundlegend und ersetzte sie entsprechend seiner Erfahrungen. Reinkarnation wird im Buddhismus nicht als „Seelenwanderung“ verstanden. Sie ist Folge der beim Sterben eines Menschen noch nicht erloschenen mentalen Kräfte, die sich in einer oder mehreren neu in Erscheinung tretenden Verkörperungen erneut in die Welt bringen. Ein bekanntes Bild vergleicht diesen Prozess mit der Flamme einer Kerze, die weitere Kerzen anzündet: Weder die Kerze selbst, noch die Flamme, sind die selben, aber ohne die ursprüngliche Kerzenflamme gäbe es auch die ihr folgenden nicht. Die Ursache der Wiedergeburt liegt im Begehren nach Sinnesbefriedigung, im Wunsch nach Sein und Verwirklichung.

<u>Aufgabe 1</u>: *Gib die Bedeutung der Wiedergeburt im Buddhismus wieder.*

Das Rad des Lebens – Samsara

Buddhismus

Samsara (wörtlich = beständiges Wandern) ist die Bezeichnung für den Kreislauf von Werden und Vergehen, im Kreislauf der Wiedergeburten. Dieser ewige Kreislauf wird im Buddhismus (auch im Hinduismus) als leidvoll angesehen. Der Ausbruch aus diesem Kreislauf geschieht auf dem Wege des Loslassens von allen Bindungen, Begierden und Wunschvorstellungen sowie durch Erkenntnis. Den erreichten Zustand nennen die Buddhisten Nirvana. Sehr anschaulich wird Samsara im Lebensrad dargestellt, das im tibetischen Buddhismus sehr verbreitet ist: Dabei sind im Zentrum, um die Radnabe, die Triebkräfte des Rades dargestellt - die Drei Geistesgifte: Gier, Hass und Verblendung (als Schwein, Schlange und Hahn).

In der mittleren Reihe sind die sechs Wiedergeburtsbereiche dargestellt: Götter und Halbgötter, Menschen, Tiere, (hungrige) Geister und Höllenwesen. Dabei nimmt das Ausmaß des Leidens vom Götterbereich abwärts immer weiter zu - bis zu den extremen Leidenserfahrungen und den verschiedenen Höllenbereichen. Im Außenbereich werden die 12 Glieder des abhängigen Entstehens bildlich dargestellt, wo Nichtwissen am Anfang/Ende des gesamten Kreislaufs steht. Das Rad der Wiedergeburten wird von einem Dämon umklammert. Dieser symbolisiert die verschlingende und ewige Zeit. Kurz vor seiner Erleuchtung soll Buddha den ewigen Kreislauf des Lebens gesehen und den Weg der Befreiung erkannt haben.

<u>Aufgabe 1</u>: *Was bedeutet Samsara?*

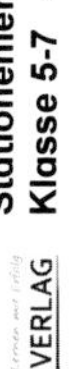

Stationenlernen Weltreligionen
Klasse 5-7 – Bestell-Nr. 11 530
KOHL VERLAG

Wiedergeburt / Reinkarnation

!

Aufgabe 1: *Reinkarnation wird im Buddhismus nicht als „Seelenwanderung" verstanden. Sie ist Folge der beim Sterben eines Menschen noch nicht erloschenen mentalen Kräfte, die sich in einer oder mehreren neu in Erscheinung tretenden Verkörperungen erneut in die Welt bringen.*

Stationenlernen Weltreligionen
Klasse 5-7 ■ Bestell-Nr. 11 530
KOHL VERLAG

Das Rad des Lebens – Samsara

Aufgabe 1: *Samsara (wörtlich = beständiges Wandern) ist die Bezeichnung für den Kreislauf von Werden und Vergehen, im Kreislauf der Wiedergeburten. Dieser ewige Kreislauf wird im Buddhismus (auch im Hinduismus) als leidvoll angesehen.*

Stationenlernen Weltreligionen

Buddhismus

Nirwana

Nirwana bzw. Nibbana bezeichnet das Verlassen von Samsara, dem Kreislauf aus Leben, Tod und Wiedergeburt. Es kann nur erlebt und erfahren werden als Ergebnis intensiver meditativer Übung und Erkenntnis. Es ist nicht vergleichbar mit dem Paradies. Es ist auch kein Himmel. Nirwana ist ein Abschluss, kein Neubeginn in einer anderen Sphäre. Damit ist es ein „Zustand", in dem alle Vorstellungen und Wünsche überwunden und gestillt sind. Nirwana ist gleichbedeutend mit innerer Ruhe und besteht im Freisein von aller Unruhe des Geistes, allen Wünschen und allem Denken. Auch tritt Nirwana nicht erst mit dem Tod ein, sondern kann schon während des Lebens erreicht werden. Buddha selbst lebte und unterrichtete noch 45 Jahre, nachdem er Nirwana erreicht hatte. Das Nirwana ist das höchste Ziel der Buddhisten. Denn es ist die Erlösung aus dem Kreislauf der Wiedergeburten. Wer das Nirwana erreicht, wird nicht mehr wiedergeboren und muss nicht mehr leiden.

Aufgabe 1: *Was bedeutet „Nirwana"?*

Aufgabe 2: *Ist es vergleichbar mit dem Himmel oder dem Paradies?*

Aufgabe 3: *Beschreibe den Zustand beim Eintreten ins Nirwana.*

Aufgabe 4: *Was ist die Folge, wenn man ins Nirwana eingetreten ist?*

- ☐ *Man muss nie wieder traurig sein.*
- ☐ *Man ist nie wieder hungrig.*
- ☐ *Man wird nie mehr wiedergeboren.*

KOHL VERLAG Stationenlernen Weltreligionen Klasse 5-7 – Bestell-Nr. 11 530

Buddhismus

Die Drei Juwelen

Die Drei Juwelen oder Kostbarkeiten sind:

- **Buddha** - der Erleuchtete
- **Dharma** - die Lehre
- **Sangha** - die Glaubensgemeinschaft

Die Drei Juwelen sind für den Buddhisten die Objekte der „Dreifachen Zuflucht". Erst durch die Zufluchtnahme zu den Drei Juwelen, und zwar aus tiefster innerer Überzeugung, gilt jemand als Buddhist. Die traditionelle Formel, die dabei drei Mal hintereinander gesprochen wird, lautet auf deutsch:

Ich nehme Zuflucht zu Buddha.
Ich nehme Zuflucht zum Dharma.
Ich nehme Zuflucht zum Sangha.

Aufgabe 1: *Male dir drei Juwelen ins Heft und schreibe in sie die drei Kostbarkeiten des Buddhismus hinein.*

Aufgabe 2: *Was bedeutet für dich „Zuflucht"? Beschreibe.*

KOHL VERLAG Stationenlernen Weltreligionen Klasse 5-7 – Bestell-Nr. 11 530

Nirwana

Buddhismus

Lösungen

<u>Aufgabe 1</u>: *Nirwana bzw. Nibbana bezeichnet das Verlassen von Samsara, dem Kreislauf aus Leben, Tod und Wiedergeburt.*

<u>Aufgabe 2</u>: *Nein, es ist weder mit dem Himmel, noch mit dem Paradies vergleichbar.*

<u>Aufgabe 3</u>: *Es ist ein „Zustand", in dem alle Vorstellungen und Wünsche überwunden und gestillt sind. Nirwana ist gleichbedeutend mit innerer Ruhe und besteht im Freisein von aller Unruhe des Geistes, allen Wünschen und allem Denken.*

<u>Aufgabe 4</u>: *Man wird nie mehr wiedergeboren.*

Stationenlernen Weltreligionen

Die Drei Juwelen

Buddhismus

Lösungen

<u>Aufgabe 1</u>: *Individuelle Lösungen.*

<u>Aufgabe 2</u>: *Individuelle Lösungen.*

(Nach dem Duden ist eine Zuflucht ein Ort, den jemand in der Not aufsucht, um Schutz oder Hilfe zu bekommen.)

Stationenlernen Weltreligionen

Die Erleuchtung

Buddhismus

Bodhi ist der Vorgang des „Erwachens“, der „Erleuchtung“. Voraussetzungen sind das vollständige Begreifen der Vier Edlen Wahrheiten, die Überwindung aller Bedürfnisse und Täuschungen und somit das Überwinden aller karmischen Kräfte. Durch Bodhi wird der Kreislauf des Lebens verlassen und Nirvana erlangt. Es gibt drei Arten von Bodhi:

1. **Pacceka** - Bodhi wird durch eigene Bemühungen, ohne die Hilfe von Lehrern, erreicht. Ein derart Erleuchteter wird Pratyeka - Buddha genannt.

2. **Savaka** - Bodhi meint die „Erleuchtung“ der Menschen, die mit Hilfe von Lehrern Bodhi erlangen. Ein so Erwachter heißt Arhat.

<u>Aufgabe 1</u>: *Was bedeutet „Bodhi“?*

<u>Aufgabe 2</u>: *Was gilt als Voraussetzung für das Erlangen der Erleuchtung?*

<u>Aufgabe 3</u>: *Nenne die drei Arten des Bodhi.*

Stationenlernen Weltreligionen
Klasse 5-7 – Bestell-Nr. 11 530
KOHL VERLAG

Feste im Buddhismus

Buddhismus

Buddhisten feiern ihre Feste nach dem Mondkalender. Darum sind die Feste jedes Jahr an einem anderen Tag. Wesak ist das größte Fest. Es wird in der ersten Vollmondnacht im Mai gefeiert. Anlass ist die Geburt Buddhas, seine Erleuchtung unter einem Feigenbaum und dass er nach seinem Tod in das Nirvana eingegangen ist. Es gibt zu diesem Fest Geschenke. Die Straßen sind geschmückt mit bunten Fahnen und Laternen. Beim Fest zum Ende der Regenzeit werden Schwimmkerzen in Schalen aus Blättern gelegt und treiben den Fluss hinunter. Die Lichter der Kerzen stehen symbolisch für das „Licht des Buddhismus“, die „über den Fluss des Unwissens in das Land der Wahrheit“ getragen werden.

<u>Aufgabe 1</u>: *Suche im Internet nach genauen Informationen zu einem der beiden Feste.*

Stationenlernen Weltreligionen
Klasse 5-7 – Bestell-Nr. 11 530
KOHL VERLAG

Die Erleuchtung

Buddhismus

Lösungen

<u>Aufgabe 1</u>: *Bodhi ist der Vorgang des „Erwachens“, der „Erleuchtung“.*

<u>Aufgabe 2</u>: *Voraussetzungen sind das vollständige Begreifen der Vier Edlen Wahrheiten, die Überwindung aller Bedürfnisse und Täuschungen und somit das Überwinden aller karmischen Kräfte.*

<u>Aufgabe 3</u>:

1. *Pacceka - Bodhi*
2. *Savaka - Bodhi*
3. *Samma - Sambodhi*

Stationenlernen Weltreligionen

Feste im Buddhismus

Buddhismus

Lösungen

<u>Aufgabe 1</u>: *<u>Mögliche Lösungen</u>:*

Das Wesak-Fest wird zu Ehren der Gebut Buddhas gefeiert. Man gedenkt der Heiligen Nacht, in der Buddha „der Erwachte“ wurde und nach dem Tod ins Nirwana einzog. Heutzutage feiert man das Fest mit Geschenken. Man sendet Postkarten an Freunde und Verwandte und schmückt die Ortschaften mit Fahnen, Blumen und Lichtern. Es werden auch feierliche Umzüge veranstaltet.

Das Fest zum Ende zum Ende der Regenzeit wird zu Ehren Buddhas gefeiert. Man gedenkt an diesem Tag, wie Buddha vom Tushita-Himmel auf die Erde kam. An diesem Fest erhalten alle Mönche Gewänder.

Stationenlernen Weltreligionen

Mönche, Nonnen und Laien

!

Buddhismus

Der Buddhismus kennt eine Zweiteilung der Gemeinschaft, in eine Ordens- und in eine Laiengemeinschaft. Der Ordensgemeinschaft gehören Mönche und Nonnen an, der Laiengemeinschaft solche, die im "normalen" Leben verbleiben. Die Laien – sie bilden die überwiegende Mehrheit der Gesamtgemeinschaft – stehen im Weltleben, sind verheiratet, haben Kinder und gehen einem Beruf nach. Die Ordensleute hingegen sind zumeist nicht verheiratet; sie leben in Klöstern und unterziehen sich einer konsequenteren Praxis nach den Weisungen der Lehre. Anders als in christlichen Ordensgemeinschaften ist der Beitritt zum buddhistischen Orden nicht an ein lebenslängliches Gelübde gebunden, sodass ein Austritt jederzeit und ohne gesellschaftliche Nachteile möglich ist. Oft sind Mönche und Nonnen auch im Bildungswesen und in der sozialen Arbeit tätig.

Aufgabe 1: *Vergleiche die beiden Arten des buddhistischen Mönchtums. Fertige dazu eine Tabelle an.*

Stationenlernen Weltreligionen
Klasse 5-7 – Bestell-Nr. 11 530
KOHL VERLAG

Mönche (Kleidung)

Buddhismus

Nach indischer Überlieferung tragen buddhistische Mönche ein gelbes oder rötliches Mönchsgewand, scheren ihre Haare und leben als Wanderasketen. Das wichtigste Erkennungsmerkmal eines buddhistischen Mönchs ist sein kahl geschorener Schädel. Über einem einfachen, meist dunklen Untergewand tragen buddhistische Mönche häufig ein langes, aus mehreren Stoffstreifen zusammengenähtes Tuch. In wärmeren buddhistischen Ländern ist das Kesa das Hauptgewand der Mönche und wird üblicherweise über der linken Schulter getragen und unter dem rechten Arm durchgezogen, wie es auch auf buddhistischen Statuen zu erkennen ist. Schon der indische Buddhismus kennt die Gebetskette, eine Kette mit aufgefädelten Perlen, die von Mönchen und Laien beim Beten verwendet wird.

Aufgabe 1: *Beschreibe das Aussehen der buddhistischen Mönche mit deinen eigenen Worten.*

Stationenlernen Weltreligionen
Klasse 5-7 – Bestell-Nr. 11 530
KOHL VERLAG

Mönche, Nonnen und Laien !

Aufgabe 1:

Ordensgemeinschaft	Laiengemeinschaft
- Mönche und Nonnen bilden eine Minderheit der Gesamtgemeinschaft.	- Laien bilden die überwiegende Mehrheit der Gesamtgemeinschaft.
- Sie sind zumeist nicht verheiratet; sie leben in Klöstern und unterziehen sich einer konsequenteren Praxis nach den Weisungen der Lehre.	- Sie stehen im Weltleben, sind verheiratet, haben Kinder und gehen einem Beruf nach.
- Sie sind nicht an ein lebenslängliches Gelübde gebunden.	
- Sie sind nicht im Bildungswesen und in der sozialen Arbeit tätig.	

Stationenlernen Weltreligionen

Mönche (Kleidung)

Aufgabe 1: *Mögliche Lösung:*

Buddhistische Mönche haben einen kahlgeschorenen Kopf und tragen ein gelbes oder rotes Gewand. Das Gewand ist lang und aus mehreren Stoffteilen zusammengenäht. Es wird über der linken Schulter getragen und dann unter dem rechten Arm durchgezogen. Außerdem trägt der Mönch eine Gebetskette mit aufgefädelten Perlen.

Stationenlernen Weltreligionen

Allgemeines zum Hinduismus

*„Die Religion ist eine Straße zu Gott.
Eine Straße ist kein Haus.“* **Shrî Ramakrishna**

Der Hinduismus ist mit etwa 900 Millionen Anhängern (nach dem Christentum und dem Islam) die drittgrößte Religion der Welt. Angehörige dieser Religion nennen sich Hindus. Die meisten leben in Indien. Die Hindus bezeichnen ihre Religion auch als „Santana Dharma“, die „ewige Religion“. Hindus glauben an Brahman. Brahman ist eine göttliche Kraft, die alles beseelt und lebendig macht. Viele Hindus verehren Vishnu, den Gott der Güte. Der Hinduismus ist eine Religion, die aus verschiedenen Richtungen mit unterschiedlichen Ansichten besteht. Darum gibt es zum Beispiel kein für alle gleich gültiges Glaubensbekenntnis. Auch die Ansichten über Leben, Tod und Erlösung sind unterschiedlich. Die meisten Hindus gehen davon aus, dass Leben und Tod ein sich immer wiederholender Kreislauf sind - sie glauben an die Reinkarnation (Wiedergeburt).

<u>Aufgabe 1</u>: *Wie viele Anhänger hat der Hinduismus circa?*

<u>Aufgabe 2</u>: *Wie nennen sich die Anhänger des Hinduismus?*

<u>Aufgabe 3</u>: *Welche Theorie verfolgen die Anhänger des Hinduismus?*

<u>Aufgabe 4</u>: *Was meinen die Hindus mit der Reinkarnation?*

KOHL VERLAG Stationenlernen Weltreligionen Klasse 5-7 – Bestell-Nr. 11 530

Hinduismus

Brahma

!

<u>Aufgabe 1</u>: *Auf dem Bild links siehst du den wichtigsten Gott des Hinduismus:* ***Brahma****.*
Wie ist er abgebildet? Beschreibe ihn.

<u>Aufgabe 2</u>: *Für was ist die Person, bzw. das Wesen im Hinduismus zuständig?*

<u>Aufgabe 3</u>: *Was fällt dir auf? Gleicht diese Person einem Menschen? Wenn ja, worin unterscheidet sie sich?*

<u>Aufgabe 4</u>: *Finde heraus, was das Wort „Brahma“ bedeutet.*

KOHL VERLAG Stationenlernen Weltreligionen Klasse 5-7 – Bestell-Nr. 11 530

Allgemeines zum Hinduismus

Hinduismus

Lösungen

Aufgabe 1: *Der Hinduismus hat circa 900 Millionen Anhänger.*

Aufgabe 2: *Die Anhänger des Hinduismus nennen sich „Hindus“.*

Aufgabe 3: *Die Hindus bezeichnen ihre Religion auch als „Santana Dharma“, die „ewige Religion“. Hindus glauben an Brahman. Zwar sind die Ansichten über Leben, Tod und Erlösung unterschiedlich, aber die meisten Hindus glauben, dass Leben und Tod ein sich immer wiederholender Kreislauf sind - sie glauben an die Reinkarnation (Wiedergeburt).*

Aufgabe 4: *Reinkarnation bedeutet, dass Leben und Tod ein sich immer wiederholender Kreislauf sind.*

Stationenlernen Weltreligionen

Brahma

Hinduismus

Lösungen

Aufgabe 1: *Individuelle Lösungen.*

Aufgabe 2: *Hindus glauben an Brahma. Brahma ist die göttliche Kraft, die alles beseelt und lebendig macht.*

Aufgabe 3: *Dieser Gott gleicht zwar einem Menschen, er besitzt jedoch vier Arme und drei Köpfe, was ihn auch als Gott auszeichnet. Er sitzt auf einer Lotusblüte, was ein „normaler“ Mensch nicht machen könnte.*

Aufgabe 4: *Das Wort „Brahma“ bedeutet „heilige Kraft“ (auch „heilige Rede“).*

Stationenlernen Weltreligionen

Hinduismus

Heilige Schriften

Die ältesten heiligen Schriften im Hinduismus sind die Veden (= Wissen). Sie entstanden vor ungefähr 3500 Jahren und enthalten uralte Erzählungen über Götter, magische Beschwörungen und Lieder, die früher von Priestern gesungen wurden. Das Wissen der Veden durfte nur an auserwählte Schüler weitergegeben werden. Erst um das 5. Jahrhundert nach Christus wurden sie niedergeschrieben. Heute zählen die Lehren der Upanishaden (= Sitze zu Füßen deines Lehrers), die Teil der Veden sind, zu den wichtigsten heiligen Schriften. Die Lehrer geben darin den Menschen ihr Wissen über den Kreislauf von Leben und Tod weiter. Die Bhagavadgita (= Gesang des Erhabenen), ist die bekannteste heilige Schrift der Hindus. Sie gilt als die Bibel der Hindus. Mahatma Gandhi nutzte sie täglich und hatte sie immer dabei, in schweren Lagen als Nachschlagewerk.

Aufgabe 1: *Was bedeutet „Veden“ und wann entstanden sie?*

Aufgabe 2: *Was steht in den Veden geschrieben?*

Aufgabe 3: *In welchen Schriften geben Gelehrte ihr Wissen über den Kreislauf des Lebens weiter?*

- ☐ *Apostelbriefe*
- ☐ *Upanishaden*
- ☐ *Koran*

Stationenlernen Weltreligionen
Klasse 5-7 – Bestell-Nr. 11 530

Hinduismus

Dharma

Dharma bedeutet im Hinduismus Sitte, Recht und Gesetz, menschliche, moralische und religiöse Verpflichtungen. Dharma ist ein sehr wichtiger Begriff des Hinduismus. Er bestimmt das Leben eines Hindu auf vielfältige Art und Weise. Gewohnheiten, soziale und familiäre Bindungen, Fasten und Feste, religiöse Rituale, Gerechtigkeit und Moral, oft sogar die Regeln der Hygiene und Essenszubereitung werden durch das Dharma bestimmt. Die Beachtung ist für Hindus nicht nur die Grundlage für sein Wohlergehen in der Gemeinschaft, sondern auch für die persönliche Entwicklung. Von der Erfüllung des Dharmas hängt das Karma ab. Das Karma, das „Konto“ der guten oder schlechten Taten, bestimmt, in welche Kaste hinein ein Hindu wiedergeboren wird.

Aufgabe 1: *Wie nennt man die Regeln, Sitten, Gesetze und Verpflichtungen im Hinduismus?*

Aufgabe 2: *Welche Bereiche des alltäglichen Lebens umfasst das Dharma?*

Aufgabe 3: *Was hängt von der Erfüllung dieser Regeln und Sitten ab?*

Stationenlernen Weltreligionen
Klasse 5-7 – Bestell-Nr. 11 530

Heilige Schriften

Hinduismus

Lösungen

Aufgabe 1: *Veden (= Wissen). Sie entstanden vor ungefähr 3500 Jahren.*

Aufgabe 2: *Sie enthalten uralte Erzählungen über Götter, magische Beschwörungen und Lieder, die früher von Priestern gesungen wurden.*

Aufgabe 3: *Upanishaden (Teil der Veden)*

Stationenlernen Weltreligionen

Dharma

Hinduismus

Lösungen

Aufgabe 1: *Dharma*

Aufgabe 2: *Gewohnheiten, soziale und familiäre Bindungen, Fasten und Feste, religiöse Rituale, Gerechtigkeit und Moral, oft sogar die Regeln der Hygiene und Essenszubereitung werden durch das Dharma bestimmt.*

Aufgabe 3: *Von der Erfüllung des Dharmas hängt das Karma ab. Das Karma, das „Konto" der guten oder schlechten Taten, bestimmt, in welche Kaste hinein ein Hindu wiedergeboren wird.*

Stationenlernen Weltreligionen

Karma

Nach hinduistischem (und buddhistischem) Glauben durchwandern Götter, Menschen und Tiere in einem durch ewige Wiederkehr gekennzeichneten Kreislauf (= Samsara) die Weltzeitalter (im Hinduismus: Yuga). Dabei sammelt sich Karma an. Karma bedeutet „Handlung“ oder „Tat“, wobei darunter die Summe aller bisher vollzogenen Handlungen zu verstehen ist. Das Karma „haftet“ am Selbst (= Atman) und bestimmt die Existenzform nach der Wiedergeburt - je nachdem, ob der Mensch überwiegend gute oder überwiegend schlechte Taten vollbracht hat. Dabei spielt auch das Karma früherer Existenzen eine Rolle. Es geht um ein Gesetz von Ursache und Wirkung, nicht um „Göttliche Gnade“ oder „Strafe“. Letztes Ziel ist es, überhaupt kein Karma mehr zu haben.

Aufgabe 1: *Wer durchwandert einen durch ewige Wiederkehr gekennzeichneten Kreislauf?*

Aufgabe 2: *Was bedeutet „Karma“?*

Aufgabe 3: *Auf welchem Gesetz basiert die Idee des Karma?*

Aufgabe 4: *Was ist das Ziel eines jeden gläubigen Hindus?*

Hinduismus

Das Kastensystem

Nach dem indischen Gesetz gibt es das Kastensystem heute nicht mehr. Trotzdem bestimmt es noch immer das gesellschaftliche Leben vor allem in Indien, denn viele Hindus sehen diese Ordnung als richtig an. Nach der hinduistischen Vorstellung ist jeder Mensch in eine Kaste hineingeboren. Die Zuordnung zu einer Kaste sagt nichts über „reich“ oder „arm“ aus. Die Zugehörigkeit zu seiner Kaste bestimmt aber, welchen Beruf der betreffende Mensch ausüben darf und welches Ansehen er hat. Hochzeiten zum Beispiel finden meist nur innerhalb einer Kaste statt. Es werden vier Kasten unterschieden: **Brahamanen** (Priester, Gelehrter); **Kshatriya** (König, Prinz, Krieger, höherer Beamter); **Vaishya** (Landwirt, Kaufmann, Händler); **Shudra** (Knecht, Dienstleistender). Unterhalb der Kasten stehen die **Parias**, die „Unberührbaren“.

Aufgabe 1: *Gibt es das Kastensystem noch?*

Aufgabe 2: *Welche Bedeutung hat das System?*

Aufgabe 3: *Worüber sagt die Kaste etwas aus?*

Aufgabe 4: *Welche Kasten gibt es und welche Gruppe gehört dazu? Zeichne dazu ein Schaubild.*

Karma 

Hinduismus

Lösungen

Aufgabe 1: *Nach hinduistischem (und buddhistischem) Glauben durchwandern Götter, Menschen und Tiere in einem durch ewige Wiederkehr gekennzeichneten Kreislauf (= Samsara) die Weltzeitalter (im Hinduismus: Yuga).*

Aufgabe 2: *Karma bedeutet „Handlung“ oder „Tat“, wobei darunter die Summe aller bisher vollzogenen Handlungen zu verstehen ist.*

Aufgabe 3: *Es geht um ein Gesetz von Ursache und Wirkung, nicht um „Göttliche Gnade“ oder „Strafe“.*

Aufgabe 4: *Letztes Ziel ist es, überhaupt kein Karma mehr zu haben.*

Stationenlernen Weltreligionen

Das Kastensystem 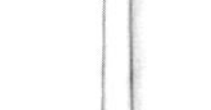

Hinduismus

Lösungen

Aufgabe 1: *Nach dem indischen Gesetz gibt es das Kastensystem heute nicht mehr.*

Aufgabe 2: *Es bestimmt noch immer das gesellschaftliche Leben vor allem in Indien, denn viele Hindus sehen diese Ordnung als richtig an. Nach ihrer Vorstellung ist jeder Mensch in eine Kaste hineingeboren.*

Aufgabe 3: *Die Zuordnung zu einer Kaste sagt nichts über „reich“ oder „arm“ aus. Die Zugehörigkeit zu seiner Kaste bestimmt aber, welchen Beruf der betreffende Mensch ausüben darf und welches Ansehen er hat.*

Aufgabe 4:

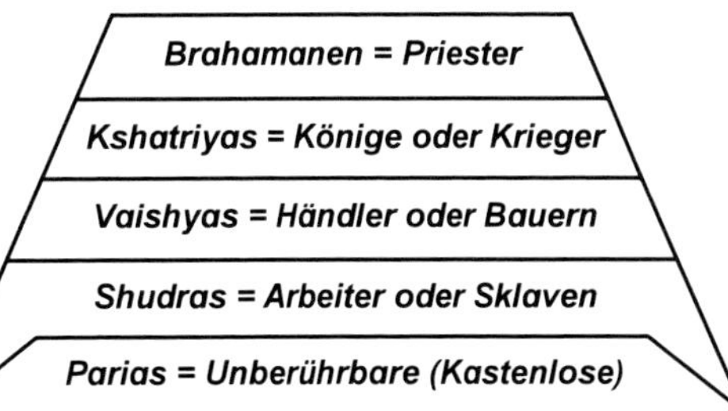

Stationenlernen Weltreligionen

Feste und Bräuche

Neben häuslichen Riten und den zahlreichen Festen im Lebenslauf einer Person gibt es im Hinduismus verschiedene weitere Feiern. Weil die Hindus so viele Götter verehren, gibt es auch zahlreiche Feste. Alle hinduistischen Feste aufzuzählen ist genauso unmöglich, wie alle Götter des Hinduismus beschreiben zu wollen. Zu unzählig sind die Festtage in den unterschiedlichen Teilen des Landes. Jede Stadt und jedes Dorf hat eigene Feier- und Festtage. Es gibt Tempelfeste, Geburtstage von göttlichen Inkarnationen und Puranische Feste, die der Geschehnisse gedenken, bei denen die Gerechtigkeit oder das Gute über das Böse siegt. Manche feiern Geburtstage ihrer Götter mit großen Festprozessionen, in denen das Götterbild auf bunten Wagen gefahren wird. Eines der größten Feste heißt Divali (auch Diwali = Lichterkette) und ist das indische Neujahrsfest. Es dauert drei Tage. In den Städten wird auch Feuerwerk gezündet.

Aufgabe 1: *Welche Arten von Festen gibt es im Hinduismus?*

Aufgabe 2: *Stelle deinem Nachbarn eine Aufgabe zu dem Text und lass dir auch von ihm eine Frage tellen. Vergleicht anschließend eure Antworten.*

Stationenlernen Weltreligionen Klasse 5-7 – Bestell-Nr. 11 530
KOHL VERLAG

Die heilige Kuh und vegetarische Nahrung !

Die hinduistischen Schriften fordern verstärkt den Verzicht auf den Verzehr von Fleisch. In vedischen Zeiten waren die Lebensumstände noch ganz anders. In einigen Schriften gibt es Hinweise darauf, dass Fleisch (sogar Rindfleisch) gegessen wurde. Dabei handelte es sich aber vermutlich immer um das Fleisch von Opfertieren. Allgemeiner Vegetarismus ist für Hindus kein Gesetz. Jedoch wird die vegetarische Lebensweise als die höhere angesehen, da Fleisch ein Produkt der Tötung ist und nicht sattvic (= rein). Vegetarier sind in allen hinduistischen Bevölkerungsschichten zu finden. Besonders wird der Verzicht aber von Brahmanen erwartet. Grundsätzlich lehnen aber fast alle Hindus den Genuss von Rindfleisch ab.

In der indischen Mythologie finden sich zahlreiche Bezüge zur Kuh. Siegel aus vergangenen indischen Kulturen lassen vermuten, dass Kühe schon vor mehr als 4000 Jahren einen besonders hohen Stellenwert hatten. Die wichtigsten Wurzeln für die Verehrung sind jedoch die Veden, in denen immer wieder das Bild der Kuh als göttliches Wesen zu finden ist.

Aufgabe 1: *Beschreibe, wie die Hinduisten zum Genuss von Fleisch stehen.*

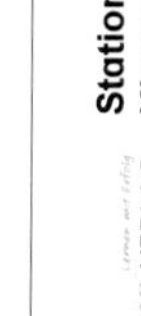

Stationenlernen Weltreligionen Klasse 5-7 – Bestell-Nr. 11 530

Feste und Bräuche 

Hinduismus

Lösungen

Aufgabe 1: *Es gibt Tempelfeste, Geburtstage von göttlichen Inkarnationen und Puranische Feste, die der Geschehnisse gedenken, bei denen die Gerechtigkeit oder das Gute über das Böse siegt. Manche feiern Geburtstage ihrer Götter mit großen Festprozessionen, in denen das Götterbild auf bunten Wagen gefahren wird.*

Aufgabe 2: *Individuelle Lösungen.*

Stationenlernen Weltreligionen

Die heilige Kuh und vegetarische Nahrung !

Hinduismus

Lösungen

Aufgabe 1: *Mögliche Lösung:*

Die hinduistischen Schriften fordern zwar den Verzicht auf den Verzehr von Fleisch, es ist für Hindus aber kein Gesetz. Von Brahmanen wird der Verzicht auf Fleischgenuss erwartet und die vegetarische Lebensweise wird als die Höhere angesehen.

Stationenlernen Weltreligionen

Hinduismus

Die Gottheit Shiva !

Shiva ist eine der wichtigsten Formen des Göttlichen im neueren Hinduismus. Die Übersetzung des Wortes Shiva aus dem Sanskrit lautet „der Gütige“, „der Gnädige“ oder auch „der Freund“. Als Bestandteil der hinduistischen Vorstellung der drei Aspekte des Göttlichen als Brahma, der als Schöpfer gilt, und Vishnu, dem Bewahrer, verkörpert Shiva das Prinzip der

Zerstörung. Meist wird Shiva mit weißer oder aschegrauer Haut dargestellt, oft mit blauem Hals - dann ist er der Retter, der das Gift des Urmeeres getrunken und dadurch das Universum errettet hat. Auf seiner Stirn befindet sich das dritte Auge, und drei waagerechte Aschestriche. Aus dem langem Haar ragt eine Mondsichel. Meistens wird Shiva mit seinem Dreizack Trishul und der Trommel Damaru in der rechten Hand gezeigt. Er gilt damit als Schöpfer des Wortes und des Urtones „A-U-M“ oder „Om“, aus dessen Schwingungen die gesamte Schöpfung entstanden ist.

Aufgabe 1: *Lies dir den Text durch und betrachte die Abbildung. Schreibe wichtige Stichpunkte aus dem Text heraus.*

Stationenlernen Weltreligionen
Klasse 5-7 – Bestell-Nr. 11 530
KOHL VERLAG

Hinduismus

Die Gottheit Vishnu !

Vishnu ist eine der wichtigsten Formen des Göttlichen im Hinduismus. Vishnu ist Teil einer im Hinduismus sehr bekannten Vorstellung der „drei Gestalten.“ Diese besteht aus drei Teilen des Göttlichen, die mit den grundsätzlichen Prinzipien des Kosmos in Verbindung stehen:

a) die Schöpfung: Brahma;
b) die Erhaltung: Vishnu;
c) die Kraft der Zerstörung: Shiva.

Vishnu wird immer mit vier Dingen dargestellt, die er mit seinen vier Armen hält: dem Diskus, dem Muschelhorn, dem Lotos und schließlich der Keule, mit der er Dämonen bekämpft. Vishnu zeigt sich in einer Vielzahl von Gestalten. Um das Dharma zu schützen, inkarniert er sich immer, wenn die Weltordnung auf der Erde ins Schwanken geraten zu droht. Diese Inkarnationen werden Avataras genannt. Zu den Inkarnationen zählen auch Rama und Krishna.

Aufgabe 1: *Lies dir den Text durch und betrachte die Abbildung. Schreibe wichtige Stichpunkte aus dem Text heraus.*

Stationenlernen Weltreligionen
Klasse 5-7 – Bestell-Nr. 11 530

Die Gottheit Shiva

!

Hinduismus

Lösungen

Aufgabe 1:
- *verkörpert das Prinzip der Zerstörung*
- *wird mit weißer, aschgrauer Haut dargestellt und mit blauem Hals*
- *auf der Stirn befindet sich das sogenannte „Dritte Auge"*
- *Schöpfer des Urlauts „OM" und damit der ganzen Welt*

Stationenlernen Weltreligionen Klasse 5-7 – Bestell-Nr. 11 530
KOHL VERLAG

Die Gottheit Vishnu

!

Hinduismus

Lösungen

Aufgabe 1:
- *Teil der „Drei Gestalten" im Hinduismus*
- *Vishnu zeigt sich in einer Vielzahl von Gestalten.*
- *Um das Dharma zu schützen, inkarniert er sich immer, wenn die Weltordnung auf der Erde ins Schwanken zu geraten droht.*

Stationenlernen Weltreligionen

Richtungen im Hinduismus

Hinduismus

Die wichtigsten Strömungen innerhalb des Hinduismus sind der Vishnuismus und der Shivaismus. Vishnuiten glauben, dass ihr höchster Gott Vishnu sich in zehn Inkarnationen in der Welt gezeigt hat. Die Idee der Inkarnationenlehre ist, dass Vishnu das höchste göttliche Prinzip ist, das alle anderen Gottheiten und die reale Welt hervorbringt. Im Vishnuismus spielt die Hingabe an einen persönlichen Gott meist eine größere Rolle als im Shivaismus. Die Shivaiten glauben, dass Shiva das höchste Wesen ist, das alle anderen Götter an Macht überragt und sie erschaffen hat. Shiva ist der Gott der Asketen, der im Himalaya meditiert, und immer wieder die Welt zerstört, um sie wieder neu zu schaffen. Shiva wird meistens nicht als Figur, sondern in seinem Symbol, dem Lingam, verehrt. In manchen Strömungen des Shivaismus spielt Yoga eine sehr große Rolle.

Aufgabe 1: *Welche Strömungen gibt es im Hinduismus?*

Aufgabe 2: *Was glauben die Vishnuiten und was die Shivaiten?*

Aufgabe 3: *Shiva wird meistens als ... dargestellt.*

- ☐ *Lengam*
- ☐ *Lungam*
- ☐ *Lingam*

Stationenlernen Weltreligionen
Klasse 5-7 – Bestell-Nr. 11 530
KOHL VERLAG

Die Frau im Hinduismus

Hinduismus

In den alten heiligen Schriften, den Veden, steht **„Frauen und Männer sollen gleichen Anteil am weltlichen und religiösen Leben haben"**. Trotzdem gehören Frauen im heutigen Indien zur untersten Kaste. Sie dürfen nicht in den Veden lesen und nur zu Hause Gebete sprechen. Um Erlösung zu erlangen, müssen sie nach hinduistischer Vorstellung zuerst als Männer wiedergeboren werden. Mädchen werden häufig schon unter fünfzehn Jahren verheiratet und dürfen sich ihren Mann nicht selbst aussuchen. Eine der Hauptaufgaben der Frau im Hinduismus ist die Mutterschaft. Eine wichtige Rolle im hinduistischen Frauenbild stellt Sita dar, die Gattin Ramas aus der großen Legende „Ramayana". Das Bild der opferbereiten Gattin stellt für viele noch heute das Vorbild der idealen Frau dar.

Aufgabe 1: *Hat die Frau Rechte auf Gleichstellung mit dem Mann?*

Aufgabe 2: *Welche „Hauptaufgabe" haben hinduistische Frauen zu erfüllen?*

Aufgabe 3: *Was muss für Frauen geschehen, um die Erlösung zu erlangen?*

Stationenlernen Weltreligionen
Klasse 5-7 – Bestell-Nr. 11 530

Richtungen im Hinduismus

Hinduismus

Lösungen

Aufgabe 1: *Die wichtigsten Strömungen innerhalb des Hinduismus sind der Vishnuismus und der Shivaismus.*

Aufgabe 2: ***Vishnuiten** glauben, dass ihr höchster Gott Vishnu sich in zehn Inkarnationen in der Welt gezeigt hat. Die Idee der Inkarnationenlehre ist, dass Vishnu das höchste göttliche Prinzip ist, das alle anderen Gottheiten und die reale Welt hervorbringt.*

*Die **Shivaiten** glauben, dass Shiva das höchste Wesen ist, das alle anderen Götter an Macht überragt und sie erschaffen hat. Shiva ist der Gott der Asketen, der im Himalaya meditiert, und immer wieder die Welt zerstört, um sie wieder neu zu schaffen.*

Aufgabe 3: *Er wird meistens als Symbol „Lingam" dargestellt.*

Stationenlernen Weltreligionen

Die Frau im Hinduismus

Hinduismus

Lösungen

Aufgabe 1: *In den alten heiligen Schriften, den Veden, steht „Frauen und Männer sollen gleichen Anteil am weltlichen und religiösen Leben haben". Heute gehören Frauen in Indien zur untersten Kaste.*

Aufgabe 2: *Eine der Hauptaufgaben der Frau im Hinduismus ist die Mutterschaft.*

Aufgabe 3: *Um Erlösung zu erlangen, müssen sie nach hinduistischer Vorstellung zuerst als Männer wiedergeboren werden.*

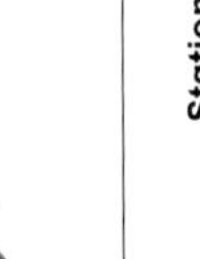

Stationenlernen Weltreligionen

Die Ehe im Hinduismus

! **Hinduismus**

Hochzeiten werden in der Regel von den Eltern arrangiert, Liebesheiraten sind selten. Die Eltern der Braut müssen für eine hohe Mitgift sorgen und verschulden sich dabei oft. Scheidung ist verpönt und kaum möglich. Die Ehe wird in den klassischen Rechtstexten des Hinduismus (Dharmasastra) als heiliges Sakrament (Samskara) definiert. Das Band zwischen Ehemann und Ehefrau wird als Gesetz der Natur aufgefasst und beide werden vor dem Gesetz als eine Person betrachtet. Die formelle Übergabe der Braut durch den Vater und das siebenmalige Umringen des heiligen Feuers durch Bräutigam und Braut (Saptapadi) haben essentielle Bedeutung für hinduistische Heiraten. Ziel der Eheschließung ist vor allem die unerlässliche Beteiligung der Ehefrau an den Hausriten und die Geburt von Söhnen.

Aufgabe 1: *Lies dir den Text durch und schaue dir das Bild an. Mache dir dazu Notizen. Was fällt dir besonders auf?*

Stationenlernen Weltreligionen
Klasse 5-7 – Bestell-Nr. 11 530
KOHL VERLAG

Die Kleidung

! **Hinduismus**

Hindus glaubten früher, dass nur ein Stoff, der nicht mit einer Nadel in Berührung gekommen war, wirklich „rein“ ist. Lange bevor genähte Kleidung nach Indien kam, trugen indische Frauen ein gewickeltes Gewand, den Sari.
Das Wickeln des Saris ist von Region zu Region unterschiedlich und ebenfalls kann der Sari aus den unterschiedlichsten Materialien hergestellt sein. Unterschiedlich Stoffe für den Sari sind z.B. einfache Baumwolle, Mischgewebe mit Seide, Kunstseide bis hin zur reinen Seide.
Ein Sari ist eigentlich nur ein rechteckiges Stück Stoff, ca. 110 cm breit und zwischen 5 m und 9 m lang. Dieser Stoff wird so um den Körper gewickelt, dass er einen doppelten Rock und einen Überwurf über die Schulter (Pallu oder Pallav) bildet. Oft wird dieser Überwurf auch über den Kopf geschlungen.

Aufgabe 1: *Beschreibe anhand des Textes und des Bildes in deinen eigenen Worten, ein Sari aussieht.*

Stationenlernen Weltreligionen
Klasse 5-7 – Bestell-Nr. 11 530
KOHL VERLAG

Die Ehe im Hinduismus

!

Hinduismus

Lösungen

<u>Aufgabe 1</u>: *<u>Mögliche Lösung</u>:*

In Indien werden die Hochzeiten in der Regel von den Eltern arrangiert und sind besonders für die Eltern der Braut sehr teuer. Eine Scheidung ist kaum möglich, da beide vor dem Gesetz als eine Person betrachtet werden.

Die Eheleute tragen festliche Kleidung. Es wird viel Wert auf Schmuck und Dekoration gelegt.

Stationenlernen Weltreligionen

Die Kleidung

!

Hinduismus

Lösungen

<u>Aufgabe 1</u>: *<u>Mögliche Lösung</u>:*

Ein Sari ist ein rechteckiges Stück Stoff, das 1,10 m breit und 5-9 m lang ist. Der Stoff wird so um den Körper gewickelt, dass er einen doppelten Rock und einen Überwurf bildet. Der Überwurf wird über die Schulter oder über den Kopf geschlungen.

Stationenlernen Weltreligionen

Symbolik im Buddhismus & Hinduismus !

Aufgabe 1: *Schau dir die zwei Symbole an und erzähle, was du über die zwei Religionen weißt.*

Stationenlernen Weltreligionen
Klasse 5-7 – Bestell-Nr. 11 530
KOHL VERLAG

Buddhismus
– Hinduismus

Zuordnungen

Aufgabe 1: *Ordne die Bilder der entsprechenden Religion zu. Schreibe dafür ein* ***H für Hinduismus*** *oder ein* ***B für Buddhismus*** *in die Kreise.*

Stationenlernen Weltreligionen
Klasse 5-7 – Bestell-Nr. 11 530

Symbolik im Buddhismus & Hinduismus

!

Buddhismus – Hinduismus

Lösungen

Aufgabe 1: *Individuelle Lösungen. Eine Diskussion oder ein Gespräch führen, das zu einem Vergleich der beiden Religionen führt.*

	Buddhismus	***Hinduismus***
Gemeinsamkeiten	• *stammen beide aus Indien* • *im Zentrum/Ziel steht die Erleuchtung* • *Vorstellung der Wiedergeburt (Reinkarnation)*	
Unterschiede	• *Hauptvorbild: Buddha* • *alle Menschen sind gleich* • *es gibt keinen Gott* • *es gibt keinen Priester* • *höchstes Ziel: Eingehen ins Nirwana durch die Überwindung allen Leids*	• *viele verschiedene Vorbilder* • *Einteilung der Menschen in Kasten* • *es gibt viele Götter* • *es gibt Priester* • *höchstes Ziel: den Kreislauf der Wiedergeburt durchbrechen durch gutes Kharma*

Stationenlernen Weltreligionen Klasse 5-7 ■ Bestell-Nr. 11 530
KOHL VERLAG

Zuordnungen

!

Buddhismus – Hinduismus

Lösungen

Aufgabe 1:

B

H

B

H

B

H

Stationenlernen Weltreligionen

Aufgaben zu allen Weltreligionen

Symbolik aller Weltreligionen

!

Aufgabe 1: *Diskutiert darüber, was ihr bereits über die 5 Weltreligionen wisst. Lassen sie sich vielleicht vergleichen oder erkennt ihr Unterschiede?*

Stationenlernen Weltreligionen
Klasse 5-7 – Bestell-Nr. 11 530

Aufgaben zu allen Weltreligionen

Gotteshäuser

!

Aufgabe 1: *Welches Gotteshaus gehört welcher religiösen Gemeinschaft?*

Stationenlernen Weltreligionen
Klasse 5-7 – Bestell-Nr. 11 530

KOHL VERLAG

Aufgaben zu allen Weltreligionen

Symbolik aller Weltreligionen

!

Lösungen

<u>Aufgabe 1</u>: *Individuelle Lösungen. Eine Diskussion oder ein Gespräch führen, das zu einem Vergleich der fünf Religionen führt.*

<u>Mögliche Themen</u>:

- *Warum gibt es mono- und polytheistische Religionen?*
- *Gibt es Riten und Bräuche, die gegen bestimmte Regeln oder Gesetze verstoßen?*
- *Welche Religionen sind in Deutschland am meisten vertreten?*
- *Gab es Zeiten, in denen bestimmte Religionen in manchen Staaten sehr diskriminiert und verfolgt wurden?*

Stationenlernen Weltreligionen

Aufgaben zu allen Weltreligionen

Gotteshäuser

!

Lösungen

<u>Aufgabe 1</u>:

Buddhistisches Kloster

Christliche Kirche

Jüdische Synagoge

Hinduistisches Kloster

Muslimische Moschee

Stationenlernen Weltreligionen

Aufgaben zu allen Weltreligionen

Wissen unter der Lupe

!

Aufgabe 1: *Beantworte folgende Fragen.*

a) *Welche Weltreligionen sind sogenannte monotheistische Religionen und welche sind polytheistisch?*

b) *Welche Religionen haben „Jesus" als gemeinsame, in ihrer heiligen Schrift vorkommende Person?*

c) *Welcher Religion gehörte Jesus an?*

d) *Mit welcher Religion verbindet man den Begriff „Erleuchtung"?*

e) *Welche Religion beruht nicht auf einem Gott?*

f) *In welcher Religion gibt es einen „Gott des Tanzes"?*

Stationenlernen Weltreligionen
Klasse 5-7 – Bestell-Nr. 11 530
KOHL VERLAG

Aufgaben zu allen Weltreligionen

Mönche

Aufgabe 1: *Betrachtet das Bild und stellt euch vor, ihr wärt ein buddhistischer Mönch. Wie sähe euer Alltag aus?*

Aufgabe 2: *Vergleiche mit Mönchen anderer Religionen.*

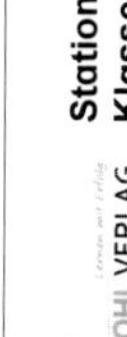

Stationenlernen Weltreligionen
Klasse 5-7 – Bestell-Nr. 11 530
KOHL VERLAG

Wissen unter der Lupe

!

Aufgaben zu allen Weltreligionen

Lösungen

Aufgabe 1:

a) *Das Christentum, der Islam und das Judentum sind monotheistische Religionen. Das heißt, dass sie an nur einen Gott glauben, welcher der Schöpfer von allem ist. Der Buddhismus und der Hinduismus werden oft als polytheistisch wahrgenommen, empfinden sich selbst aber nicht so. Sie haben jedoch polytheistische Wurzeln.*

b) *Jesus ist der Erretter und Sohn Gottes im Christentum. Im Koran, der heiligen muslimischen Schrift, wird er als Prophet erwähnt.*

c) *Jesus gehörte dem Judentum an. Das Christentum entstand erst nach seinem Tod und seiner Auferstehung.*

d) *„Die Erleuchtung erlangen", so lautet das Ziel im Buddhismus.*

e) *Der Buddhismus stützt sich nicht auf einen konkreten Gott. Buddha erlangte durch Meditation unter einem Feigenbaum die Erleuchtung und gelangte dadurch ins Nirwana.*

f) *Shiva ist im Hinduismus neben vielen weiteren Bezeichnungen auch der Gott des Tanzes.*

Stationenlernen Weltreligionen

Mönche

Aufgaben zu allen Weltreligionen

Lösungen

Aufgabe 1: *Ablauf eines Tages z.B.:*

- *womöglich kein Frühstück (Fasten)*
- *Meditieren*
- *Schriften lesen, Beten*
- *Meditieren*
- *Meditative Beschäftigungen, wie Bogenschießen usw.*
- *Schlafen*

Aufgabe 2: *Individuelle Lösungen.*

Stationenlernen Weltreligionen

Lückentext

Aufgaben zu allen Weltreligionen

Aufgabe 1: *Fülle die Lücken der Wörter. Aus diesen Buchstaben ergibt sich von oben nach unten ein Lösungswort.*

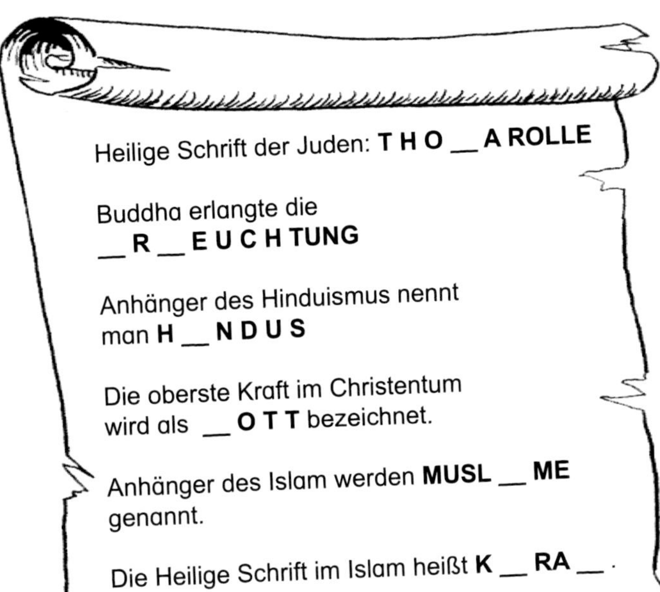

Lösungswort: __ __ __ __ __ __ __ __ __

Stationenlernen Weltreligionen
Klasse 5-7 – Bestell-Nr. 11 530
KOHL VERLAG

Berühmte Bauwerke

Aufgaben zu allen Weltreligionen

Aufgabe 1: *Suche dir einen Partner. Überlegt, wie lange es gedauert haben könnte, den Peterdom in Rom (Bild oben) oder die Sultan-Ahmed Moschee (Blaue Moschee) in Istanbul (Bild unten) zu erbauen. Informiert euch über die beiden Bauwerksarten und nennt Besonderheiten und eigenartige Merkmale.*

Stationenlernen Weltreligionen
Klasse 5-7 – Bestell-Nr. 11 530
KOHL VERLAG

Aufgaben zu allen Weltreligionen

Lösungen

Lückentext

Aufgabe 1:

Heilige Schrift der Juden: **T H O R A ROLLE**

Buddha erlangte die **E R L E U C H TUNG**

Anhänger des Hinduismus nennt man **H I N D U S**

Die oberste Kraft im Christentum wird als **G O T T** bezeichnet.

Anhänger des Islam werden **MUSL I ME** genannt.

Die Heilige Schrift im Islam heißt **K O RA N**.

Stationenlernen Weltreligionen Klasse 5-7 – Bestell-Nr. 11 530 KOHL VERLAG

Berühmte Bauwerke

Aufgaben zu allen Weltreligionen

Lösungen

Berühmte Bauwerke

Aufgabe 1: *Mögliche Lösungen:*

Petersdom:
- *erbaut von 1506-1626*
- *132,5 m hoch*
- *Kapazität: 20.000 Menschen*
- *14 verschiedene Baumeister*
- *eine Hauptkuppel, acht Nebenkuppeln*
- *45 Altäre*
- *Hauptkuppel ist das größte freitragende Ziegelbauwerk der Welt.*

Sultan-Ahmed Moschee:
- *erbaut von 1609-1616*
- *43 m hoch*
- *6 Minarette, je 64 m (es gibt nur 2 Moscheen auf der Welt, die mehr Minaretten haben (Medina und Mekka))*
- *Am 30.11.2006 besuchte Papst Benedikt XVI. diese Moschee. Er war der erste römisch-katholische Papst, der die Moschee betrat.*

Stationenlernen Weltreligionen

Aufgaben zu allen Weltreligionen

Gebete

Aufgabe 1: *Lies dir folgende zwei Gebete durch. Zu welcher Religion könnten sie gehören? Woran erkennst du das? Schreibe den Anfangsbuchstaben der Religion in den Kreis.*

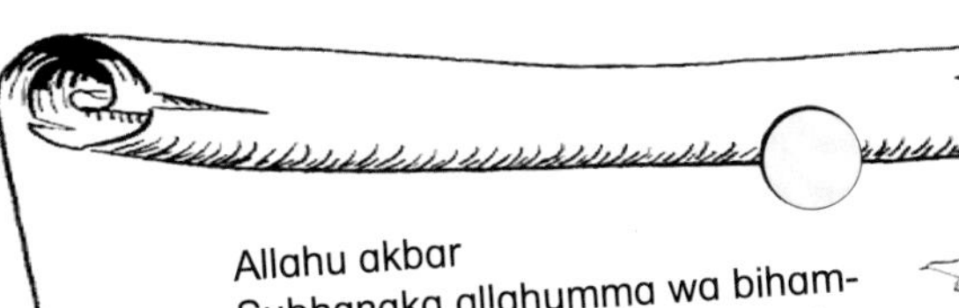

Allahu akbar
Subhanaka allahumma wa biham-
dika wa tabarakasmuka wa ta'ala
dschaduka wa la ilaha ghairuk

Bismillahir-rahmanir-rahim Al- ham-
du lillahi rabbi-l-'alamin Ar-rahmani-
rahim Malilci jaumid-din Ijjaka
na'budu wa ijjaka nasta'in ihdina-
siratal- mustaqim sirata-ladsina
an'amta 'alaihim ghairi-l- maghdubi
'alaihim wa lad- daallin
Amin.

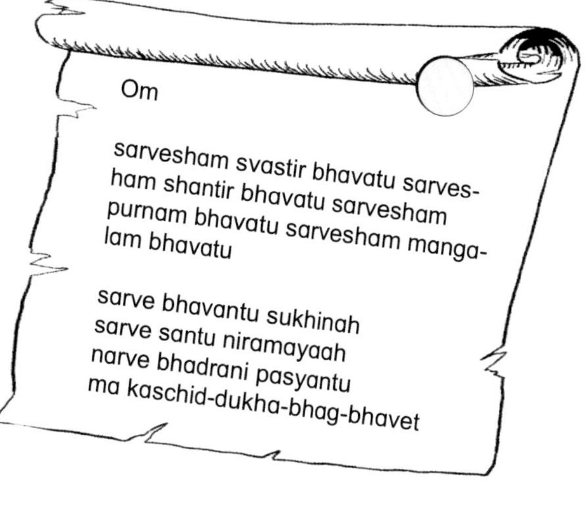

Om

sarvesham svastir bhavatu sarvesham shantir bhavatu sarvesham
purnam bhavatu sarvesham manga-
lam bhavatu

sarve bhavantu sukhinah
sarve santu niramayaah
narve bhadrani pasyantu
ma kaschid-dukha-bhag-bhavet

Aufgaben zu allen Weltreligionen

Der Engel der Armen

!

Aufgabe 1: *Kennt ihr diese Frau? Sie war als „Engel der Armen" bekannt. Was meint ihr, warum sie so genannt wurde? Informiert euch!*

Stationenlernen Weltreligionen Klasse 5-7 – Bestell-Nr. 11 530
KOHL VERLAG

Gebete

⊙

Aufgaben zu allen Weltreligionen

Lösungen

Aufgabe 1: ***Islam*** *(Allahu akbar = Allah ist der Größte!, Die wichtigste Phrase eines muslimischen Gebets),* ***Hinduismus*** *(Silbe Om am Anfang des Gebets)*

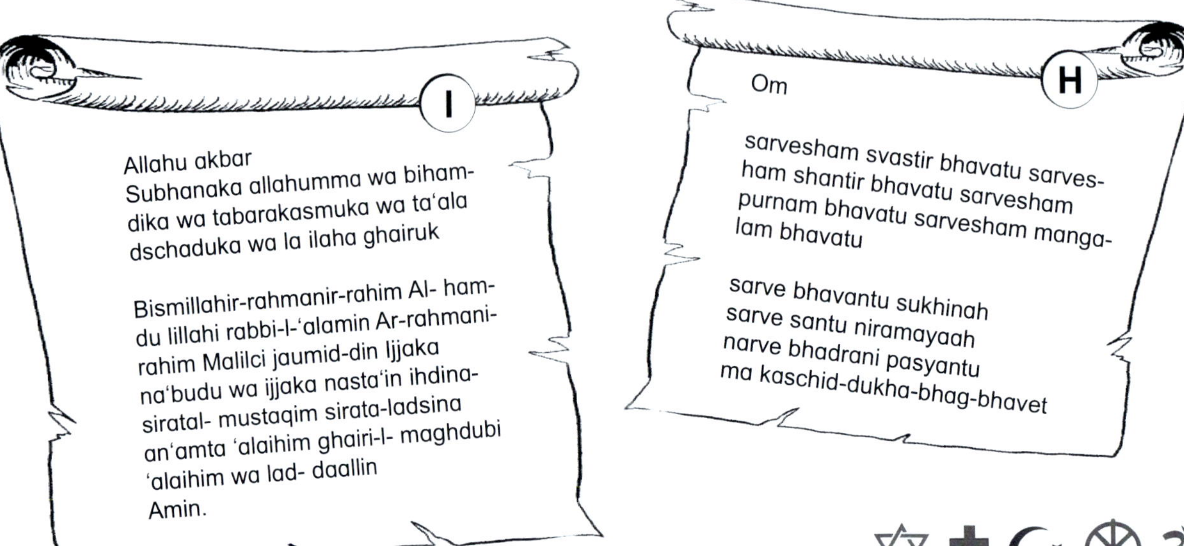

Stationenlernen Weltreligionen Klasse 5-7 – Bestell-Nr. 11 530 – KOHL VERLAG

Der Engel der Armen

!

Aufgaben zu allen Weltreligionen

Lösungen

Aufgabe 1: *Das Bild zeigt Mutter Teresa. Sie wurde am 26.08.1910 in Üskub im Omanischen Reich geboren und starb am 05.09.1997 in Kalkutta, Indien. Sie war eine Ordensschwester und Missionarin. Bekannt wurde sie durch ihre Hilfsprojekte für Arme, Obdachlose, Kranke und Sterbende. 1979 bekam sie den Friedensnobelpreis.*
In der katholischen Kirche wird Mutter Teresa als Selige verehrt. Die Bezeichnung als „Der Engel der Armen“ bekam sie weil sie sich stets für die Armen, Kranken und Leidenden einsetzte und sie beschützte.

Stationenlernen Weltreligionen Klasse 5-7 – Bestell-Nr. 11 530 – KOHL VERLAG

Bildquellen

Seite 9	© asafeliason - fotolia.com, © evp82 - fotolia.com, © Ionescu Bogdan - fotolia.com, © skarin - fotolia.com, © silencefoto - fotolia.com
Seite 11	© G. Piezinger „Katharinenkloster in Ägypten", wikipedia.de
Seite 12	© silencefoto - fotolia.com
Seite 13	© Daniel Mock - fotolia.com
Seite 15	© Elisheva Monasevich - fotolia.com
Seite 17	© Alefbet - wikimedia.org
Seite 19	© Lindaparton - fotolia.com
Seite 23	© wikipedia.com
Seite 25	© nothingbutpixel - fotolia.com
Seite 27	© advisionlt - fotolia.com
Seite 29	© wikipedia.com, © Christos Georghiou - Fotolia.com
Seite 31, 32 unten	© Jeanette Dietl - Fotolia.com, © gracel21 - Fotolia.com, © naddya - Fotolia.com, © clipart.com
Seite 32 oben	© wikipedia.com
Seite 33 oben	© smileus - Fotolia.com
Seite 33 unten	© clipart.com, Christos Georghiou - Fotolia.com, Al - Fotolia.com
Seite 35	© clipart.com
Seite 37	© skarin - Fotolia.com (oben)
Seite 37, 38 (oben)	© lindaparton - Fotolia.com, © nothingbutpixel - Fotolia.com, © clipart.com, © evp82 - fotolia.com, © Elisheva Monasevich - fotolia.com, © Jeanette Dietl - Fotolia.com, © Ionescu Bogdan - Fotolia.com, © clipart.com (von links nach rechts, von oben nach unten)
Seite 39	© Dario Bajurin - Fotolia.com
Seite 41	© FT Game - Fotolia.com (oben) © adrenalinapura - Fotolia.com (unten)
Seite 43	© Leo Lintang - Fotolia.com
Seite 44	© Aslan Topok - Fotolia.com
Seite 45	© mrallen - Fotolia.com © Foto Lounge - Fotolia.com
Seite 46	© clipart.com
Seite 47	© Jasmin Merdaz - Fotolia.com

Bildquellen

Seite 49	© Abdul Qaiyoom - Fotolia.com
Seite 51	© Eray - Fotolia.com
Seite 53	© skarin - Fotolia.com
Seite 55, 56 oben	© nothingbutpixel - Fotolia.com (links) © midosemsem - Fotolia.com (Mitte) © silencefoto - Fotolia.com (links)
Seite 55 unten	© skarin - Fotolia.com
Seite 57	© wikipedia.com
Seite 59	© Pixel & Création - fotolia.com (beide Bilder)
Seite 63	© Pixelrohkost - fotolia.com
Seite 65	© boykung - fotolia.com
Seite 67	© clipart.com (oben) © Christian Müller - Fotolia.com
Seite 69	© Chonlapoom Banhorn - Fotolia.com (oben) © WONG SZE FEI - Fotolia.com (unten)
Seite 71	© wikipedia.com
Seite 73	© Lava Lova - Fotolia.com
Seite 75	© Aleksandar Todorovic - Fotolia.com
Seite 77	© nickolya - Fotolia.com (oben) © clipart.com (unten)
Seite 79	© Malgorzata Kistryn - Fotolia.com © lightofchairat - Fotolia.com
Seite 81	© Ennessy - Fotolia.com (oben) © lichtflug - Fotolia.com (unten)
Seite 83	© lightofchairat - Fotolia.com (oben) © Qpicimages - Fotolia.com (unten)
Seite 85 oben	© skarin - Fotolia.com
Seite 85, 86 unten	© Chonlapoom Banhorn - Fotolia.com (oben links) © nickloya - Fotolia.com (oben Mitte) © WONG SZE FEI - Fotolia.com (oben rechts) © wikipedia.com (unten Mitte + unten links) © clipart.com (unten rechts)
Seite 87 oben	© skarin - Fotolia.com
Seite 87, 88 unten	© Kovalenko Inna - Fotolia.com (links oben) © Mapics - Fotolia.com (links unten) © clipart.com (Mitte + rechts unten) © Aleksandar Todorovic - Fotolia.com (rechts oben)
Seite 89	© WONG SZE FEI - Fotolia.com
Seite 91	© clipart.com
Seite 93	© wikipedia.de